谭汝为

著

汉语语义文化指要

癸卯冬 柏英题

天津出版传媒集团

天津古籍出版社

图书在版编目（CIP）数据

汉语语义文化指要 / 谭汝为著. — 天津 ：天津古籍出版社, 2023.11
ISBN 978-7-5528-1405-7

Ⅰ.①汉… Ⅱ.①谭… Ⅲ.①汉语—语义学—研究 Ⅳ.①H13

中国国家版本馆CIP数据核字（2023）第176151号

汉语语义文化指要
HANYU YUYI WENHUA ZHIYAO

谭汝为 / 著

出　　版	天津古籍出版社
出 版 人	张　玮
地　　址	天津市和平区西康路35号康岳大厦
邮政编码	300051
邮购电话	（022）23517902

责任编辑　吴曈曈
封面设计　鞠佳美

印　　刷	天津新华印务有限公司
经　　销	全国新华书店
开　　本	880毫米×1230毫米　1/32
印　　张	8.5
字　　数	205千字
版次印次	2023年11月第1版　2023年11月第1次印刷
定　　价	38.00元

版权所有　侵权必究
图书如出现印装质量问题，请致电联系调换（022-23517902）

领略汉语语义之美

意少一字则义阙
句长一言则辞妨

微信扫码

专家咨询
带你解读汉语语义文化

汉语揭秘
发现语言现象背后的秘密

语义演变
从概念域视角看汉语语义演变

阅读札记
随时随地记录语义学习笔记

序言

（一）

前些年在与夏康达先生闲聊时，他说："上个世纪九十年代，我任天津师范大学中文系主任，感到欣慰的是——从外校先后调来四位教师，一是教当代文学的汤吉夫老师，一是教汉语的谭汝为老师，一是教古代文学的赵建忠老师，一是教现代文学的高恒文老师。结果，这四位老师都给天津师大争了气。"我答曰："夏公慧眼识人，但汝为忝列有愧。"夏先生说，"汤吉夫是著名小说作家，廊坊师专校长，老朋友了。你是邢公畹先生推荐的，赵建忠是周汝昌先生推荐的，高恒文是钱谷融先生推荐的，错不了，都是好样的！"

作为年近八秩的学者，笔者倍感幸运，一是后半生赶上了尊重知识、尊重人才的好时代；二是在改革春风拂面之时，作为天津市红桥区职工大学的一位青年教师，有幸受到海内外学界（包括津、京、沪、粤、港、澳、台等地名校）多位名家的关怀、教诲和奖掖。在2000年前，笔者在各类学术刊物先后发表了学术论文数十篇，和当时所有编辑一概素不相识，更谈不到烦人疏通或请客送礼。这就是当年的学术风气——真诚、清廉、正派、高效。

20世纪90年代初期，笔者受到天津师范大学中文系主任夏康达教授的关注和赏识,业经本科选修课"古典诗歌语言修辞"两个学期教学的考验,加之南开大学著名语言学家邢公畹(1914—2004)、刘叔新(1934—2016),《天津师范大学学报》老主编张虎刚(1925—2005),天津师范大学图书馆老馆长曹聪孙(1928—2009)等资深学者的力荐,其间虽遭到一些人为阻挠,因而耽搁了一两年,但"青山遮不住,毕竟东流去"。调入天津师范大学任教后,笔者任汉语言文字学专业(后改为语言学和应用语言学专业)研究生导师,给硕士学位研究生先后讲授两门主课——"汉语修辞学"和"词汇语义学",与学院另外两位导师:张旭教授(讲授"语言理论"和"汉语语法学")、孟国教授(讲授"语文教学法"和"对外汉语教学"),皆为多年好友,在当时天津师大汉语言文化学院,成为"语言理论""语言教学"和"修辞语用"三个分支学科阵容齐整、实力均衡的"三驾马车"(刘叔新教授语)。难得的是:彼此信任,求同存异,取长补短,相济互补,形成团结奋进的学术核心——"文人相亲",这是高校教师不必"横站"(鲁迅语),因而在学术上得以精进的难得的环境氛围。

(二)

笔者对汉语修辞学研究多年,坚持语言与文学联袂,心得较多,因而,讲授修辞学课程,顺风顺水,无挂无碍;但讲授词汇学,尤其是语义学,则完全得力于南开大学刘叔新教授的亲炙。笔者曾以私淑弟子兼高级访问学者的双重身份,在南开大学文学院听课、进修,前后达三年之久,有幸完整而系统地听习了刘叔新教授为硕、博研究生讲授的《语言学理论》《汉语描写词汇学》和《汉语语义学》三门主课(每门课两个学期)。对笔者来说,这段经历真是终生受用无穷。加之笔者学习认真,学以致用,三年来从未缺过一次课。至于课后前往刘师西南村宿舍问安、请益、恳谈;后来去白堤路龙兴里的新寓所,切磋、探研,雅聚更为频繁。与笔者同行最多的是叔新师的高足王泽鹏博士,还有老友杨锺贤和张旭这两位南开毕业的教授。屈指算来,这种挚友式的师生情谊、清淡如水的君子之交,前后延续了近三十个春秋。

与叔新先生心志相通,亦师亦友。究其思想根基,一同为广东老乡(刘公原籍惠州、笔者原籍新会),二同为性情中人,三同为诗词语言美学研究学者,四是对汉语言文化学术同样的执着追求与自强不息。在刘先生悉心指导下,笔者先后出版了四部语言学著述——《古典诗歌的修辞和语言问题》(1994)、《词语修辞与文化》(1998)、《诗歌修辞句法与鉴赏》(2003)、《民俗文化语汇通论》(2004)。每次面对笔者送去的、在400字带格稿纸上工整誊写的厚厚书稿,刘先生都不惮辛劳,认真审读,精心修订,赐写长序,确定书名,并联系天津古籍出版社杨钟贤社长兼总编辑,推荐出版。其诲人不倦的音容笑貌,其奖掖后进的不遗余力,其工作效率的雷厉风行——其情其境,一笑一颦,如在目前。四十年来,笔者在学界践行"看人长处,帮人难处,记人好处",处世之道之薪火相传,正是刘叔新等前辈学者言传身教的结果。

刘先生为我出版的第一部学术著作所赐写的长篇序文,以《新颖脱俗 独辟蹊径——写在〈古典诗歌的修辞和语言问题〉出版之前》为题,发表在学生兼好友倪斯霆先生主编的《天津书讯》1994年第5期。十多年后,叔新先生又将此文收入"南开大学文学院学者文丛"《语言学和文学的牵手——刘叔新自选集》(南开大学出版社2004年出版,196—199页)。可见对笔者的重视与关怀。这种多年来对笔者无私提携的隆情厚谊,不由得忆起唐人杨敬之的名句:"平生不解藏人善,到处逢人说项斯。"

2016年8月1日,刘师溘然病逝,终年八十二岁。老师终身未娶,无子嗣后代。噩耗传来,涕泗横流,万分悲痛,兹撰悼诗,一气呵

成,以抒悲怀:

> 汉语名家刘叔新,道德文章四海钦。
> 心如方塘昭日月,浩然正气似冰莹。
> 语言文学牵其手,龙虫并雕空谷音。
> 诗心韵缕呈锦绣,书法曲谱传芳馨。
> 笔耕不辍六十载,不惆不殆夙夜勤。
> 词汇语义双问鼎,理论升华贵创新。
> 难得人格楷模立,学识更似百炼金。
> 多情多义桃李育,无欲无求情谊真。
> 读公篇篇探微语,胜我夜夜萤雪勤。
> 私淑弟子入师门,听习南开课三门。
> 语言理论开眼界,词汇语义沐甘霖。
> 漫步蹄湖荷香嗅,育才芝琴麓埙闻。
> 几度谈诗伴清酒,论艺不觉月西沉。
> 与师相处近卅载,待我如兄似乡邻。
> 扶持荐举不遗力,逢人说项意殷勤。
> 橡笔为我四作序,难得拳拳奖掖情。
> 忽闻刘公驾鹤去,掩涕悲悼文曲魂。
> 当年共约诗语会,今忆不觉泪沾襟。
> 灵犀一点瓣香献,舒心静卧翰墨林。
> 天长地久终有限,才俊典型万古存!

(三)

语义学既可以指对自然语言中词语意义的研究,也可以指对逻辑形式系统中符号解释的研究。当前的研究趋势是两者汇流,相得益彰。语义学大致分为哲学语义学、历史语义学、结构语义学、生成语法语义学和孟德鸠语义学等类别(见《中国大百科全书·语言文字》第488—490页)。中国现代语义学研究是以古代"训诂学"的传统为基础发展起来的,呈现出以下特点——从以词为中心的语义研究,扩展到研究短语、句子和语篇的意义;借助国外语义学理论,运用义素分析法,使研究深入到语义的微观层次;并引入预设、命题、蕴涵等现代逻辑学概念,进一步分析语言单位之间的语义关系;借助数理逻辑的研究方法,使语义研究趋于形式化;以计算机为工具的信息处理与语言文字关系密切,信息处理最终还是处理语义。计算语言学的进展必将促进语义学研究的深入,促进对语义、词汇、语法、语用和文化的综合研究。

本书取名为《汉语语义文化指要》,是在汉语语义学讲义的基础上修订而成书的。全书分为十二章,其主要内容是:

"第一章 语义学研究历史发展状况"首先指出,语义是多门学科研究的对象,对语义研究历史进行简要回顾,对语义学研究的新进展和现代语义研究呈现的新特点进行分析:从以词为中心的语义研究,扩展到研究短语、句子和语篇的意义;运用义素分析法,使研究深入到语义的微观层次;引入预设、命题、蕴涵等现代逻辑学概念,进一步分析语言单位之间的语义关系;借助数理逻辑,使语义研究形式化;以计算机为工具的信息处理促进语义学研究的深入发展;对语义、词汇、语法、语用和附带的文化要素进行综合研究。

"第二章 语义学研究对象"首先厘清语义与非语义的界限;阐明广义的"语义"和狭义的"语义"的界限;对"语义"的"语"是指"语言"还是指"言语"这个理论概念进行分析;最后导出语义学具体的研究对象:描写和揭示语素义、词素义、词义、固定语义的义位及其变体,各种义位间的关系;研究句意的表现形态、结构方式及其语义关系;研究句意与句意间的基本关系。

"第三章 语义层级"对语义的四个层级——语素义、词义、短语义、句意的特点,进行了比较深入的分析,其中对词义模糊性、词内反义对立和正反同词现象的举例阐发,对读者不无启示。

"第四章 语义单位"对主要的语义单位——义项、义素和义位的概念、特征、变体和语用规则,尤其对义素分析法,精选典型例证进行了深入浅出的阐析。

"第五章 语义构成"对构成语义的理性义、伴随义、色彩义进行举例阐发。语义的色彩义是在理性义的基础上,反映人们对世界认识的价值观念、立场态度和语言使用上的看法,反映交际者和交际环境的有关意义。本章对感情色彩、态度色彩、评价色彩、形象色彩、时代色彩、地方色彩、言语社团色彩、语体风格色彩、格调色彩和语气色彩进行逐一阐析,不乏新意。

"第六章 内部形式与词源理据":词的内部形式是在一个词义最初形成时,反映事物对象的特点所采取的形式,它既接受词形制约,也借助词形来加以定型。对词的内部形式的利用可以使学者直观而准确地理解和分析词义。内部形式又可分为实质的和表征的,直指的和喻指的;词源理据又分为显性的和隐性的。本章最后对古今"流俗词源"进行了比较精细得体的分析。

"第七章 语义聚合"对语义主要的四种聚合形式——同义聚合体、反义聚合体、类属聚合体、对义聚合体进行了系统分析。

"第八章 语素义组合":语素义组合问题十分复杂,因为语素义在组成词义的过程中,受多种因素影响。本章着重厘清了自由语素和黏着语素、复合词语素义的自指和转指的概念;分析语素组合义形成复合词词义的两种主要途径,即短语的减缩和语素的增益;并对语义的相似转指和相关转指进行了理论阐发。

"第九章 歧义"论述词汇性歧义和组合性歧义的特点和成因,阐述歧义与语境(包括上下文语境和社会情景语境)的关系、对歧义的识别和关于如何防范的分析,对语言文字的社会应用不无裨益。

"第十章 汉语修辞性语义"从修辞角度入手,就比喻、具象、骈偶、象征、夸饰、韵律等六个方面,对汉语词语的修辞性语义进行描写和阐释。有益于读者培养语言修辞素养,提高语言文字应用水平。

"第十一章 汉语语义传统要素例释""第十二章 汉语语义外来要素例释"收入分析古今词义的学术小品文约60篇,这些篇什于20世纪90年代在天津《今晚报》"词义探幽"专栏连载,是为汉语语义学理论的科学普及,秉持让读者"读得懂,喜欢看,有收获"的宗旨,因而受到读者欢迎,产生了很好的社会影响。

中国现代语义学研究,在整体上还处于深入探索的阶段。笔者将这部很不成熟的小书,视为向邢公畹、刘叔新、张虎刚、曹聪孙等前辈语文专家在天之灵的答谢兼汇报,以申平生瓣香诸公之志。

这部学术著述力求写得浅显简明,对于中小学语文教师提高汉语词汇语义学理论素养,增强在语文课堂教学中对古今词语的解析,可能不无裨益。在本书付梓之际,感谢著名书法家曹柏崑教授题写书名,老友付锡钧先生精美的篆刻,更要感谢忘年交——天津古籍出版社责编吴瞳瞳女士的精心审读把关,提出很好的修改建议。同时,也盼待方家读者的批评指正。

谭汝为

2023年9月21日写于天津华苑碧华里寓所

目 录

第一章　语义学研究历史发展状况 …………………（001）
　一、语义是多门学科研究的对象 ………………（001）
　二、语义研究的历史回顾 ………………………（002）
　三、语义学研究的新进展 ………………………（007）
　四、现代语义研究呈现新特点 …………………（010）

第二章　语义学研究对象 …………………………（013）
　一、语义与非语义的界限 ………………………（014）
　二、广义的"语义"和狭义的"语义" ……………（014）
　三、"语义"的"语"是指"语言"还是指"言语"？…（015）
　四、语义学具体的研究对象 ……………………（016）

第三章　语义层级 …………………………………（024）
　一、语素义的特点 ………………………………（024）
　二、词义的特点 …………………………………（032）
　三、短语义的特点 ………………………………（043）
　四、句意的特点 …………………………………（046）

第四章　语义单位 …………………………………（048）
　一、义项 …………………………………………（048）
　二、义素 …………………………………………（056）

三、义位 ……………………………………………… (064)
第五章 语义构成 ………………………………………… (067)
一、词的理性义 …………………………………………… (067)
二、词的伴随义 …………………………………………… (068)
三、词的色彩义 …………………………………………… (070)
第六章 内部形式与理据 ………………………………… (083)
一、词语的内部形式 ……………………………………… (083)
二、词语内部形式分类研究 ……………………………… (084)
三、词语的理据 …………………………………………… (092)
四、流俗词源 ……………………………………………… (096)
第七章 语义聚合 ………………………………………… (103)
一、同义聚合体 …………………………………………… (103)
二、反义聚合体 …………………………………………… (111)
三、类属聚合体 …………………………………………… (120)
四、对义聚合体 …………………………………………… (126)
第八章 语素义组合 ……………………………………… (129)
一、自由语素和黏着语素 ………………………………… (129)
二、词义的"自指"和"转指" ………………………… (131)
三、语素组合义形成复合词词义的途径 ………………… (132)
四、语义的相似转指和相关转指 ………………………… (137)
第九章 歧义 ……………………………………………… (141)
一、词汇性歧义 …………………………………………… (142)
二、组合性歧义 …………………………………………… (144)
三、歧义与语境 …………………………………………… (149)
四、歧义的识别和防范 …………………………………… (151)

第十章　汉语修辞性语义 (154)
　　一、词语的比喻义 (154)
　　二、词语的具象性语义 (158)
　　三、词语的骈偶化语义 (160)
　　四、词语的象征性语义 (163)
　　五、词语的夸饰性语义 (166)
　　六、词语的韵律感 (168)

第十一章　汉语语义传统要素例释 (172)
　　一、说"荆"道"楚" (172)
　　二、说"坐"道"席" (173)
　　三、说"无恙" (175)
　　四、说"牺牲" (176)
　　五、说"借光" (177)
　　六、说"博士" (178)
　　七、说"睡觉" (180)
　　八、说"锦标" (181)
　　九、说"前茅" (182)
　　十、"玩弄"与"呻吟" (183)
　　十一、"无赖"与"无聊" (184)
　　十二、"发薪"与"关饷" (185)
　　十三、"公主""驸马"及其他 (186)
　　十四、"百岁"与"周岁" (187)
　　十五、"杨花"与"柳絮" (189)
　　十六、"国事"与"国是" (190)
　　十七、足下·陛下·膝下 (191)
　　十八、榜样·模范·师范 (193)

十九、弱冠·及笄·耄耋 …………………………………（194）

二十、而立·古稀·豆蔻 …………………………………（195）

二十一、"米寿"与"茶寿" ………………………………（196）

二十二、"青"是什么颜色？ ………………………………（198）

二十三、说"沧海一粟" ……………………………………（199）

二十四、说"死而不僵" ……………………………………（200）

二十五、同义语素的微异 …………………………………（202）

二十六、并称式词语 ………………………………………（203）

二十七、突出产地的品牌 …………………………………（205）

二十八、流俗词源与民间故事 ……………………………（207）

二十九、海峡两岸同形异义词 ……………………………（208）

三十、海峡两岸同素逆序词 ………………………………（210）

三十一、文言词语在台湾仍流行 …………………………（211）

三十二、用旧词命名新物 …………………………………（213）

三十三、俞伯牙的"牙"和孔明之"孔" …………………（214）

三十四、刘禅的"禅" ………………………………………（215）

三十五、刘禹锡的"锡" ……………………………………（216）

第十二章　汉语语义外来要素例释 …………………（218）

一、源于满语的汉语词语 …………………………………（218）

二、历史地名的民族语源 …………………………………（219）

三、源于佛教的汉语语汇 …………………………………（221）

四、外来词的汉化 …………………………………………（225）

五、音译外来词 ……………………………………………（226）

六、音意兼译外来词 ………………………………………（227）

七、汉语外来事物名称 ……………………………………（228）

八、衣领系列外来词 ………………………………………（230）

- 九、绿茵场的外来词 …………………………………（232）
- 十、源于国外的典故性成语 ……………………………（234）
- 十一、蜘蛛人·香蕉人 …………………………………（235）
- 十二、下课 ………………………………………………（237）
- 十三、奶酪·蛋糕 ………………………………………（238）
- 十四、眼球·眼球经济 …………………………………（239）
- 十五、麻辣·水煮·烧烤 ………………………………（240）
- 十六、托形缩略语 ………………………………………（242）
- 十七、谐解词语 …………………………………………（243）
- 十八、说"愿景" …………………………………………（244）
- 十九、名目繁多的疾病 …………………………………（246）
- 二十、海归·海待·土鳖 ………………………………（247）
- 二十一、话说"无厘头" …………………………………（248）
- 二十二、人生"五商" ……………………………………（250）
- 二十三、"杀手"新生义 …………………………………（251）

参考文献 ……………………………………………………（253）

第一章 语义学研究历史发展状况

一、语义是多门学科研究的对象

语义和语音、词汇、语法一样,都是语言的一个组成部分。语义又是人类社会一个极其重要的现象,因此它并不只为语言学所专擅,哲学、逻辑学、心理学、社会学、人类学等都与语义有着密切的关连。

语义学(semantics)当然是研究语义的学科,但语义学从研究角度和研究范畴上却可分为三种类型:

1. 语言学的语义学(linguistic semantics)是研究语言意义,即语言单位内容方面的语言学学科。

2. 哲学的语义学(philosophical semantics)也称语义哲学,把语言、语义作为哲学分析的主要对象。

3. 逻辑学的语义学(logical semantics)对逻辑形式系统中符号解释的研究。其中大量概念和方法都已引入语言语义学研究中。

当前的发展趋势是三者汇流,相得益彰。我们研究的当然是语言学语义学,下面所论的"语义",都是从语言学角度进行的分析。

二、语义研究的历史回顾

语义研究可以划分为三个阶段,即语文学(philology)时期、传统语义学时期和现代语义学时期。

人们在语义方面所做的最早的实际工作,就是注释古代的典籍。在公元前3世纪,欧洲人对希腊许多古代典籍就已经看不懂了。于是有一批学者,专门从事校订、评注和整理古籍的工作。特别是整理荷马(Homer)的史诗《伊里亚特》和《奥特赛》。领导这项工作的是古希腊著名的语文学家亚里士塔尔库斯(Aristarchus)和盛诺多图斯(Zenodotus)。他们的注意力集中在典籍的语法问题上,当然也对词语的意义进行考订。

语文学家早就关注语义问题,尤其是词义演变问题。中国和西方学者都做过大量细致的词源研究和训诂研究。我国的语义研究有着悠久的历史,不过那时的语义研究被命名为"训诂学"。早在春秋战国时期,训诂就已萌芽。训诂起源于对古代典籍中字和词的诠释和注疏。所谓"诠释",就是说明解释;所谓"注",就是注解;所闻"疏",就是对注解进行解释的文字。汉代郑玄笺注的《诗经》《周礼》《礼记》等,备受历代学者推崇。"诗家总爱西昆好,独恨无人作郑笺"(元好问《论诗绝句》)就道出了对前人典籍看不懂的遗憾。

在秦汉之际,尤其是汉代,相继出现了《尔雅》《释名》《方言》《说文解字》等不同类型的重要的工具书。在这些著作中,训诂学者根据汉语和汉字的特点,制订了"义训""形训""音训"等一套相当完备的释义方法,对后世产生了很大的影响。

第一章　语义学研究历史发展状况

义训——疏通经书义理,加以阐释发挥。
形训——以分析字形结构的方法来解释字义。
音训——以读音相同或相近的字来解释字义。

到了南北朝时期,我国语文学的重点由训诂学转移到音韵学方面,但训诂的工作并未中断。到了清朝,我国语文学进入全面发展的时期,训诂学再度兴盛,取得了很大的成绩,出现了戴震、段玉裁、王念孙、王引之、俞樾等训诂大家,使古籍整理中许多悬而未决的问题得到了解决。

中外语文学的情况大不相同。古希腊、罗马、古印度语文学的研究重点是语法,其次是语音,而语义则不是研究重点,成绩也不大。这是因为希腊语、拉丁语、印度语都是屈折语,在语法上存有丰富而复杂的形态变化,语法的形态变化又引起词的读音发生变化。因而古代的希腊人、罗马人和印度人,他们阅读古籍的困难集中在语法方面。汉语则不同,作为孤立语在形态上很少变化。汉代以后读经的困难主要表现在字义上。因此,以解释字义为中心任务的训诂学始终成为传统语文学的重要内容。

中国古代的语义研究(训诂学)是富有成果的,从秦汉一直到 19 世纪末期,两千年来训诂学为我们、为世界提供了一份珍贵的文化遗产。但也应看到,训诂学也有它的历史局限性:1. 只限于对具体的词义进行解释和考证,往往就事论事,失之于零星分散。2. 只着眼于古代的书面语,只限于注释古书,并没有形成对语义的全面系统研究。3. 缺乏语义理论方面的建树。4. 还没有从哲学或经学中摆脱出来,形成独立的学科,自然还谈不上真正意义的语义学。

进入 19 世纪,语义研究成为语言学的分支——词汇学的重要内容。一般认为:语义学的建立,以法国语言学家米歇尔·布雷阿尔

(M. Bréal)在1897年出版的《语义学探索》(Essai de Sémantique)一书为标志。1900年这部著作译为英文,书名为《语义学:意义科学的研究》。该书材料丰富,文笔较生动,属于历史语义学的性质,重点探讨词义的历史发展,兼顾词汇意义和语法意义。全书分为三编:

第一编,论述词义变化的定律,介绍变异、扩散、类推等概念。

第二编,论述如何确定词义,介绍释义、比喻、多义、命名等。

第三编,论述词类、语序、组合规律等,涉及语法意义。

该书作为"语言学的语义学"的第一部专著,有两个特点:

1. 给义的发展以重要的地位,声称"研究意义的变化构成了语义学"。这种重视语义变化和发展,而轻描写的倾向,显然与19世纪历史比较语言学处于统治地位,布雷阿尔本人又是历史比较语言学专家很有关联。

2. 把语义限制在"词语"意义,主要是词义上。

继布雷阿尔之后,另一部有世界影响的、由两位英国学者奥格登(C.K.Ogden)和理查兹(L.A.Richards)合著的语义学专著,是1923年出版的《意义的意义》(The Meaning of Meaning)。这部书对后世的语义研究产生了不小的影响。

从20世纪30年代到50年代后期,以美国布龙菲尔德(L. Bloomfield)为代表的结构主义统治着西方语言学。众所周知,布龙菲尔德认为:研究语义的人须是万事皆通的博学者,而语言学家却无法担此重任,因为语言学家关心的是语言的结构形式,而不是语言的具体内容。在他之后的结构主义语言学家,进一步根据索绪尔提出的"语言是形式而不是实质"的原理,把语义排除在语言之外。他们认为:语言由"表达形式"和"内容形式"两部分组成:

1. 语言的表达形式是音位(与之相应的表达实体——物理音响被排除在外)

2. 语言的内容形式是语法(与之相应的内容实体——语义被排除在外)

可以变通一点的是霍凯特(C. Hockett),他把"语法系统""音位系统"和"语素音位系统"看成是组成语言的三个中心系统;同时承认"语义系统"和"语音系统"是语言的外围系统。在《现代语言学教程》中,他只是对语言的中心系统做了详细的论述,至于对"外围"的语义系统,则付之阙如,什么都没有讲。

转换生成语法学派的创始人乔姆斯基(N. Chomsky)第一部有影响的著作《句法结构》,对待语义的态度,与他的对立面结构主义语言学也并无两样。但乔姆斯基用深层结构的理论解释某些歧义现象,客观上接触到了词语间的语义组合关系。

传统语义学的研究对象——以词义为轴心的,涉及以下10个问题:

1. 词源;
2. 词的理据;
3. 词义的变化和演变;
4. 词义类聚——同义词、反义词、多义词、同音异义词;
5. 词的中心义和色彩附属义;
6. 词义和概念的关系;
7. 词义、语音和客观事物三者的关系;
8. 词语解释及教学;
9. 词语翻译;
10. 辞典编纂。

传统的语义研究与语音、音位、语法这些学科相比,存在着三个弱点：

1. 传统语义学不像语音学、音位学、语法学那样，把语音、音位、语法的单位分解成因素，进行深入的研究；它只是把语言的语义单位——词义，作为一个囫囵的整体进行研究，因此**缺乏深度，不能深入研究词义（确切地说是义位）的内部**。

2. 传统语义学不像语音学、音位学、语法学那样，整理出语音、音位、语法系统，进行深入的研究；它对语义的研究零散而无序，很少涉及语义系统，因此**缺乏系统性，难以掌握语义的系统**。

3. 传统语义学不像语音学特别是语法学那样，从最小的语音单位或语法单位一直研究到句子；它的研究范围只拘囿在词义上，因此**缺乏科学性，不能研究言语中的语义单位——句子的意义**。

由于上面所谈的种种原因，主要是这三个弱点使传统的语义学研究，远远落在语音、音位、语法研究的后面。

1950年，在苏联学界曾进行过一场语言学大辩论，斯大林为语义学讲了两句好话："语义学是语言学的重要组成部分之一。词和语的涵义方面在研究语言上具有重大的意义。因此，应当保证语义学在研究语言中应有的地位。"①这次大辩论的直接产物之一，是经苏联高教部审定的教材《语言学概论》把语义学作为一个独立部门专章出现，占该教材第二编的约一半篇幅。对于一直遭到冷落的语义学来说，这确实是一个令人鼓舞的创举。不久，莫斯科大学教授兹维金采夫的专著《语义学》于1957年问世。

在这段时期，语义学在重视对语义发展变化规律的探研总结的同时，也开始注重对语义进行描写。这样就使语义学产生了"历史语义学"和"描写语义学"的区分。

---

① 斯大林《马克思主义和语言学问题》，人民出版社，1971，第29页。

历史语义学

就是注重对语义做历史的研究，记叙、分析语义演变的事实，探讨语义演变的规律、原因等。19世纪末到20世纪前半叶，欧美学者整理、归纳了词义演变的各种现象，分为词义扩展、词义紧缩、词义升值、词义贬值等类别。

描写语义学

就是对语义进行共时研究，探讨语义的性质、语义的系统、研究词义和句子意义等。

三、语义学研究的新进展

1. 结构语义学

在结构主义理论影响下，一些语义学者由历时性的研究，转向共时性的研究，由研究一个词的语义变化，转向研究词与词的语义关系。20世纪20~30年代，德国和瑞士的一些语言学家创立了语义场的理论。他们把一种语言中的全部词汇看成一个完整的系统，系统中各个词项按照意义聚合成若干语义场。每个词的意义都取决于同一场内其他词的意义。例如要确切了解"红"的意义，必须了解"橙"的意义。他们还有另一类颇为流行的方法，就是对词与词之间的同义、反义、多义、歧义、上义、下义等种种关系进行研究。但是，结构主义语义学也有其局限性，即只以词或语素为单位，既没有考虑如何对词义内部结构进一步分析，也没有考虑如何把词义组合成词组、句子的意义。

从20世纪40年代开始，音系学家把音素分解成更基本的元素，美国人类学家也把语言中表示亲属关系的词，如"父""母""兄""弟"

"姐""妹""夫""妻"等分解为男性、女性、成年、未成年、已婚、未婚等等成分。在他们的影响下,人们开始采用成分分析法来研究语义。

2. 生成语法学派语义学

较长时间以来,语言学家在研究语义时,只是把它局限在词义的范畴之中。而在语义研究中突破了词义的范围,开拓了语义学研究疆域,则是近40年的事。前文说过,乔姆斯基用深层结构的理论,解释某些歧义现象,客观上接触到了词语间的语义组合关系。"词语间的语义组合关系"就不仅仅是词义问题,而涉及词组意义或句子意义了。

生成语法学的总目标是描写和解释人们的语法知识,其中语义学的目标是描写和解释人们的语义知识。例如"母亲"和"妈妈"语义相同;"男人""女人""老人""年轻人"的语义不同,但有共同之处,所讲的都是"人";"人"的范围大,"男人"的范围小。以成分分析法为基础,可以给自然语言的词语下定义。例如:

A. "单身汉"一词有4个意义,包含4个语义元素——人—成年—男性—从未结婚或离婚或丧偶

B. "男人"一词有3个意义,包含3个语义元素——人—成年—男性

如果两个词语所含的元素相同,就彼此同义;如果两个词语有一个或几个共同元素,彼此之间就语义相似。共同的元素越多,语义越接近。如B词有3个元素,A词除了这3个元素之外,还有第4个元素,那么A词的意义就包含在B词的意义范围之内。用上面的例子说,"单身汉"的词义包含在"男人"的意义范围之内;就是说"单身汉"都是"男人",无一例外;而"男人"却不一定是单身汉。

同义词的词义对比,在中国古代典籍中就有许多解说,例如:

饥馑——谷不熟为饥—菜不熟为馑

行路——堂上谓之行—堂下谓之步—门外谓之趋—中庭谓之走—大路谓之奔

镂刻——金谓之镂—木谓之刻—骨谓之切—象谓之磋—玉谓之琢—石谓之磨

这已经涉及词与词之间的语义对比,以及同义词的语义辨析等内容了。

20世纪60年代转换生成语法理论进入发展的第二阶段,即标准理论时期,这就正面接触到句子的语义问题。其中分化出两个派别,集中分析句子的语义结构。

1. 解释语义学——代表人物是卡兹(J. Katz)和福德(J. Fodor)。

2. 生成语义学——代表人物是菲尔墨(J. Fillmore)和切夫(L. Chafe)。

这两派学者都致力于分析句子的语义结构。在这个时期,语义学的进展还体现在以下几个方面:1. 语义场理论的出现,从而促进了语义系统的研究。2. 语义聚合关系的研究得到了深入开展。3. 开展了语义成分的研究,从而产生了语义成分分析法。

从20世纪70年代至今,有几位英国学者先后推出了几部较为全面而通俗地论述语义的专著:1. 利奇(G. Leech)《语义学》1974,1981修订。2. 帕默尔(F. Palmer)《语义学》1976,1981再版。3. 莱昂斯(J. Lyons)《语义学》1977。4. 肯普森(R. Kempson)《语义理论》1977。5. 克鲁斯(A. Cruse)《词汇语义学》1986。这些著作各有特色。

另外,在20世纪70年代还出现了蒙塔古语义学派。蒙塔古是美国逻辑学家,以他为代表的这个学派把语言学、逻辑学和数学紧密地结合在一起,用数学和逻辑描写自然语言,使逻辑语义学周密化,进而建立了自然语言语义学。他们认为句法与语义同构(就是二者结构——对应),通过"翻译规则→句子→内涵逻辑→语义解释"这个链条可以理解、描写自然语言。这是20世纪70年代以来有较大影响的学派。

我国从20世纪60年代初期开始,在刊物上先后开展了对某些语义问题的专题讨论,一些有代表性的论文汇集在《汉语语义学论文集》(湖北人民出版社,上、下册,1986)中。近20年来,我国语言学界出版了十几种语义学专著,主要有:

1. 贾彦德(1930-1995)《语义学导论》,北京大学出版社,1986(我国学者撰写的第一部语言学的语义学专著)。
2. 徐烈炯《语义学》,语文出版社,1990。
3. 贾彦德《汉语语义学》,北京大学出版社,1992,1999再版。
4. 石安石《语义论》,商务印书馆,1993。
5. 石安石《语义研究》,语文出版社,1994。
6. 符淮青《词义的分析和描写》,语文出版社,1996。
7. 苏新春《汉语词义学》,广东教育出版社,1997。
8. 詹人凤《现代汉语语义学》,商务印书馆,1997。
9. 林杏光《词汇语义和计算机语言》,语文出版社,1999。
10. 马清华《文化语义学》,江西人民出版社,2000。
11. 张志毅、张庆云《词汇语义学》,商务印书馆,2001。
12. 曹炜《现代汉语词义学》,学林出版社,2001。

四、现代语义研究呈现新特点

与传统的语义研究相比较,现代语义研究呈现出以下几个显著

的特点:

1. 从以词为中心的语义研究,扩展到研究短语、句子和语篇的意义。

2. 运用义素分析法,使研究深入到语义的微观层次。

3. 引入预设、命题、蕴涵等现代逻辑学概念,进一步分析语言单位之间的语义关系。

4. 借助数理逻辑,使语义研究形式化。

5. 以计算机为工具的信息处理与语言文字关系密切,信息处理最终还是处理语义。计算语言学的进展必将促进语义学研究的深入。

6. 对语义、词汇、语法、语用和文化进行综合研究。

现代语义研究在这些方面已取得了可喜的成果,例如:刘叔新《语义学和词汇学问题新探》(1993)、周小兵《句法·语义·篇章》(1996)、马庆株《汉语语义语法范畴问题》(1998)。

举两个具体的例子来说明——

1. 量词"斗"作为容量单位,其词义可以向两极分化:既可以表示"大"的意思,也可以表示"小"的意思。

(1)"斗"表示大的意思:如"斗胆""斗碗""斗大的字""堪笑牡丹如斗大"等。

(2)"斗"表示小的意思:"斗室""斗舍""斗门""斗筲之辈"等。

张志毅的总结十分精辟:"斗"表示大的条件,是"斗"后面跟上一个比"斗"的体积小的名词义位;"斗"表示小的条件,是"斗"后面跟上一个比"斗"的体积大的名词义位。

2. "差点儿没"有两种相反的意思。

第一组:	第二组:
(1)差点儿没买着(买着了)	差点儿没摔死(没摔死)

(2)差点儿没考上研究生（考上了）　差点儿没掉河里（没掉河里）

(3)差点儿没修好（修好了）　　　差点儿没输了（没有输）

(4)差点儿没赶上车（赶上了）　　差点儿没错过机会（没有错过）

(5)差点儿没见着面（见着面了）　差点儿没落榜（没有落榜）

第一组"差点儿没"表示肯定意义,第二组"差点儿没"表示否定意义。仅仅描写出"差点儿没"在实际使用中有两种相反的语义是不够的,还需要做出理论上的解释,就是在什么情况下表示肯定意义? 在什么情况下表示否定意义?在很长的时间内,人们对"差点儿没"的复杂语义,都没有做出合理的解释。后来朱德熙先生用说话者"是否企望发生"的规则,解释了这个问题:企望发生的是肯定,不企望发生的是否定。这种语义研究就是综合性的研究了,包括语义、语法和语用分析。

现代语义学理论方法的新趋势——

1. 概念理论（语义就是概念）

2. 对应理论（事物、意义和符号的三角对应）

3. 语境理论

4. 语义场理论

5. 成分分析理论

6. 解释语义学理论

7. 生成语义学理论

8. 蒙塔古语义学理论

9. 情境语义学理论

第二章 语义学研究对象

近半个世纪以来,语义学在语言学领域异军突起,成为一个很有发展前途的语言学部门。虽然语义研究历史悠久,但是作为一门学科,语义学在语言学中是比较年轻的,而且长期处于不被重视的附属地位,既缺乏系统深入的研究,在研究框架和研究方法上也不够成熟,研究对象也不够明确,各家的观点也不统一。

近代和现代,哲学和逻辑学都研究语义,而且投入的力量和取得的成果,都超过了语言学对语义的研究。语言学的语义学在许多方面都深受哲学的语义学和逻辑学的语义学的影响。哲学的语义学所涉及的语言现象,主要是话语的意义,偶尔也管到词义。哲学感兴趣的是话语义(包括词义)与客观世界、人们的意识及道德伦理的关联。由此形成的语言哲学,实质上是言语哲学。逻辑学的语义学,研究的纯是话语意义中的逻辑因素,关注的是话语意义的真假对错问题及其逻辑的关系、结构。

那么,语言学的语义学的研究对象是什么呢?或者说语言学的语义学应该研究什么呢?语言学的语义学研究当然要以"语义"为对象,可是"语义"究竟具体指什么?

"语义"在外延上究竟有多大的范围,这在语言学界存在着不小的分歧。

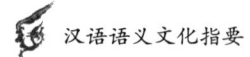
汉语语义文化指要

一、语义和非语义的界限

客观现实中存在着许多并非语义的意义。从术语上分析,"语义"和"意义"所指对象不同,也不是同一层级的概念。因为"意义"包含了"语义",它的对象范围比"语义"广。现代有些语言学家研究所谓"行为语言",对诸如手势、身姿、眼神、面部表情、咳嗽、吹口哨等等"行为语言"所表示的意义进行分析研究。这些意义显然不能和语义混为一谈。所有非语言文字的符号、信号等所表示或暗示的意义(如红绿灯等交通信号或标志、球类比赛的哨声和裁判员执法的手势、信号兵的旗语等)都不应列入语义学研究范围。我们所要研究的语义,必须是同有声语言的声音相联结的意义。

二、广义的"语义"和狭义的"语义"

语言单位的意义非常复杂。人们的理解也各有不同。所谓广义的"语义"就是对"语义"的宽泛理解;所谓狭义的"语义"就是对"语义"的狭窄理解。

在宽泛的理解下,语义应包括——1. 词、固定语、词素及句法结构等语言单位的意义;2. 言辞片段如自由词组、句子的意义;3. 所有理性的即认知性的意义和感性的、非认知性的含义(如感叹词的含义),甚至把感性的意义成分(如词语意义中常附有的表达色彩)也看作一种意义而纳入语义所指对象的范围里来。

狭窄理解的语义,有几种不同的内涵:或指语言系统内部的意义,或只指词语和语素的概念性意义——词汇意义,或狭窄到只指词义和词根的意义。

语义理解的狭窄或过严,不利于人们全面地了解和掌握语言和意义,不利于对语言进行全面分析和研究。把语义理解得宽一些是合理的,因为符合语义学研究的趋势和基本观念。

三、"语义"的"语"是指"语言"还是指"言语"?

这里提出三个问题——

1. 语义学所研究的"语义",是否既指语言系统内部的意义,又指语言运用的直接产物——言语的意思呢?

2. 语义学要研究语言的所有意义和言语的所有意义吗?

3. 语义学面对极其纷繁复杂的对象,是否只应该研究其一定的方面呢?

作为语言学的一个独立的部门,语义学还远未成熟,还处于草创时期,几种代表性的语义学专著在内容上出入很大,就足以表明了这一点。各个学派、各种著述在研究内容上存有很大的差异,反映出他们对语义学的研究对象和研究范围,在取舍上的不一致;也反映出即使面对相同的对象进行分析研究,各派亦角度有异或侧重不同。在一个独立学科的创建过程中,出现上述分歧现象,是自然的,也是正常的。

语义学所研究的"语义"既指语言系统内部的意义,也应指言语的意思。因为语言学研究已经普遍地、大量地接触到言语的意思,并都用"语义"来指称它。语义学研究语言的意义是天经地义的,与此同时,对于语言的意义如何组织成言语的意思,言语意思在组合关系和表现形态上的特征和规律等进行研究,显然也是语义学责无旁贷的研究内容。

语义学对于言语和语言的语义,不能重此轻彼或顾此失彼。某些语义学著作突出了言语意思方面的观察和研究,这无可非议;但对语言的意义只就局部问题做一些分析,似就有失平衡。例如利奇的《语义学》,用了一半以上的篇幅详尽地论述言语的语义;而对于语言的语义,仅用了全书十七章中的两三章篇幅,而且只是论述了词义成分分析问题。这种向言语意思倾斜的倾向,值得注意。如果形成普遍的规律,就不利于语义学的健康发展了。

四、语义学具体的研究对象

索绪尔在《普通语言学教程》中说:"语言的特征就在于它是一个完全以具体单位的对象为基础的系统。"现代汉语系统根据结构的组成和功能,可以把它分为以下几个层次:

语言系统——	语素	词素	词	短语	句子	(句群)
	↓	↓	↓	↓	↓	
语义学研究——	语素义	词素义	词义	短语义	句义	

(一)"词义""语素义"和"词素义"的区别

1. 词义

词义是一定对象的反映,是词稳定的音流形式所固定的内容。词义所反映的一定对象,就是词所代表的、能被人用来称说的事物(包括生命体)。其中有的是现实生活中的具体存在物(如:风、云、山、河、楼房、桌子、乌鸦、阳光、影子等),有的是虚幻的构想(如:魔鬼、狐仙、如来、孙悟空、阿Q等),有的是抽象的东西(如:美感、思维、音韵、相对论等)。不论这些反映的对象是否真实地具体存在,只要人们确认某个词称说的或代表的就是"它",那么称说的或代表"它"的那个词的意义便是真实地、客观地存在的。

词义和词并不一定一一对应。一个词可以有一个意义,也可以有多个意义。多义词的每个意义都是一个语义单位。辞典释义中的所谓"义项",就是指词义中能确定下来的这类单位。现代汉语的多义词相当多见。例如"掉",《现代汉语词典》把它区分为三个词,其中两个都有一系列义项——

掉^1——有四义——

(1)落(物体因失去支撑而下来):~眼泪/ 被击中的敌机~在海里了。

(2)落在后面:~队。

(3)遗失;遗漏:钢笔~了/ 这篇文章里~了几个字。

(4)减少;降低:~价儿/ 别让牲口~膘。

掉^2——也有四义——

(1)摇动;摆动:尾大不~/ ~臂而去(摔胳膊就走)。

(2)回;转:把车头~过来/ 他~过脸来向送行的人一一招呼。

(3)互换:~换/ ~过儿。

(4)卖弄:~文/ ~书袋。

掉^3

用在某些动词后,表示动作结果:扔~/ 除~/ 抹~/ 改~坏脾气。

2. 语素义

作为语言中最小的音义结合体,语素的意义总是最小、最单纯的语义单位。语素义本身不能划分出一个更小的语义单位来。如

"稻"义、"铜"义、"哭"义、"玻璃"义、"吗"义等,便是如此。在现代汉语里,不少的语素可以单独成词,这语素的意义也就成了词义。如:"天空雨云密布"中的"雨""云""密""布"这些语素的意义在句中便是词义。

有相当多的语素是黏附性的,不能单独成词。如"宇宙"的"宙"、"袅娜"的"袅"(niǎo)、"混沌"的"沌"(dùn)等。再如"氖""芬""磋""瞠""匕"等,其意义都纯为语素义。

有的语素是多义的,一个意义可兼属语素义和词义,而另一个意义纯是语素义。如"蓝蓝的天""天空飘着白云"的"天",其意义兼属语素义和词义;而"天资""天生"的"天",其"自然、非人力"的意义,就只是语素义。

3. 词素义

词素是词或词干的直接组成部分。词素义是词的直接构成成分的意义。

由两个语素构成的词,如:"实—验""推—敲""壮—丽""山—河""肥—沃""清—脆""花—朵""木—头""既—然""所—以"等,这些词语中的各个语素都是词语的直接构成成分,就是词素。

有的词语由两个以上的语素构成,如"古—文字""死—心眼儿""南—天门""缝纫—机""后遗—症""回归—线""敲门—砖""带头—羊""胆小—鬼""社会—化"等。这样的词语也都可以用词素为单位进行分析。上述词语的词素,如"—文字""—心眼儿""—天门""缝纫—""后遗—""回归—""敲门—""带头—""胆小—""社会—"等,都由多个语素构成,因而这里的词素义与语素义是不同的。

了解词素义和词素义之间的关系,有助于对词义的理解。有许多词语的意义是由词素义组合而成的。如上面列举的"壮—丽""肥—沃""清—脆""花—朵"等。有些词语的词素义的组合与整个词

语的意义不一致,如:

推敲——比喻斟酌字句,反复琢磨。

山河——指国家和国家的某一地区的土地。

敲门砖——比喻借以求得功名的初步手段。

带头羊——指带头人。

这些词语中词素义的组合虽然与词义不一致,但是了解这些词素义对于理解和分析词语的深层意义(如比喻意义)或典故意义是有所帮助的。

词素义之间存在着一定的语义关系,例如:

(1)并列关系

A. 同义或近义并列——

例如:饮食、房屋、花草、街道、领袖、美妙、敲打、走动、观测等。

B. 反义或对比并列——

例如:美丑、黑白、好歹、早晚、反正、横竖、快慢、强弱、胜负等。

(2)性质限定关系——

例如:流水、衣领、报纸、菠菜、啤酒、飞船、共和国、三角形等。

(3)状态限定关系——

例如:酷爱、冰释、耳语、渴望、徒劳、彩排、瓦解、笔挺等。

(4)支配关系——

例如:司机、开道、免费、牵线、关心、签证、感人、动情等。

(5)补充关系——

例如:说服、敲定、打倒、制止、冻结、乐陶陶、黑油油、亮晶晶等。

(6)陈说关系——

例如:日食、光照、地震、驴打滚、胃溃疡、肠梗阻等。

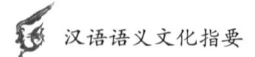

(二)语义学和语法学在研究范围中如何划界?

"词义""语素义""词素义",再加上"短语义",这四个方面都是语义学研究的对象;除此以外,对"句义"的研究,也是重要的方面。在研究"句义"时,当然也包括了对语法意义,即语法成分的和句法结构的关系意义,以及词类范畴的意义,进行必要的分析。但是,语法意义作为与语法形式密切联接的方面,理应由语法学去研究;语义学不必越俎代庖,就是说——不必像语法学那样,具体而深入、细致地研究语法意义本身,而只需研究语法意义与词汇意义之间,可能产生的相互作用和结合的关系就可以了。例如:

1. 我十一点 就 睡觉。(强调睡得早)
2. 我十一点 才 睡觉。(强调睡得晚)

这两句话的句义属于结构意义,是由副词"就"和"才"表达出来的语义。

另外,语法结构形式所表达的意义,与句义密切关联,也应重视。例如:

3. 闻一多有一段名言:"人家是说了再做,我是做了再说;人家是说了也不一定做,我是做了也不一定说。"
4. 过去——我做什么,你吃什么
   现在——你吃什么,我做什么
   ——南京大学学生食堂发生的巨大变化。
5. "辣怕不?"—"不怕辣。"—"辣不怕。"—"怕不辣!"

6. 读好书—书好读—好读书—读书好

通过语序的变换,在语义上呈现出有趣的变化,每一组各句的语素义或词义基本相同,可是所表达的句义却大相径庭,无论语法学、语义学、语用学都值得分别进行研究。当然研究的侧重、角度、方法各有不同。

(三)语义学和词典编纂、词汇学在研究领域如何划界?

在语言意义的范围内,语义学主要研究的是词汇意义;但并不意味着对每个实词、每个固定语的词汇意义,语义学都要一一加以描写或解释;因为那是词典编纂的任务。语义学要通过对各种各样的大量词语意义的观察,揭示其共有的特性和组合规律。

语义学对于语言的词汇意义的研究,就是——

1. 描写和揭示词义、语素义、词素义、固定语义的义位,及其有可能的变体。

2. 研究不同义位间的种种聚合关系和搭配关系,以及某些具有较大作用的语义范畴。

3. 研究语言系统内的语义系统,包括形成这个系统的复杂的语义关系和层次。

显然,语义学在对语言意义进行研究中,不可避免地和词汇学的研究对象在局部上相重合。词汇学在研究词汇单位及其相互关系时,除了要研究这些词汇单位的形式结构之外,自然也要观察分析其意义;但词汇学是以词汇单位及其相互组织、关联的特点、问题为研究重点的。这和语义学以研究语义本身的特点和规律性为重点是大不相同的。这就决定了词汇学和语义学在对语言意义研究的深度和广度上的差异。

词汇学(只就共时的描写词汇学来说)有其自身繁复的研究任务——**研究各种词汇单位的问题和词语类集，研究词汇的范围、词语的结构组织，揭示词汇的体系性**。如果把对语言意义所有方面的系统深入的研究，也都包揽过来；那么词汇学就不可能集中力量解决词汇问题，就很难形成单一的研究框架，至少会出现尾大不掉的局面。因此，词汇学只能把语言意义深入而繁复的现象和宏观系统的多方面问题，留给语义学，诸如"义位和变体""词内语素间的组合关系""词义和固定语义的内部形式""语义范畴""语义系统"等等。这些问题都不应也不可能由词汇学去研究，而只能列入语义学的研究范围之内。

(四)语义学在研究言语语义方面如何划界？

语义学的研究对象中又包含着言语意义的方面，那就更不属于词汇学应该进行研究的领域了。我们说言语的意义也是语义研究对象中的一个必要的方面，这是笼统而言。如果进行认真切实的分析，这个判断应加上一些必要的限制。言语的单位多种多样，有语句、句群、语段、篇章、文章、著作等等，须知——并不是所有的这些言语单位的意义内涵，都由语义学去研究。例如整篇文章、整部著作的意义内涵，属于这些著述所属的如物理学、数学、生物学、社会学、历史学或文艺学等等某个具体的学科；甚至这些著述的框架组织、结构方式也要受到其所属具体学科的种种制约。至于这些著述在意义内涵上所表现出的某些共有的、一般的组织法则，则属于文章学、写作学、逻辑学的研究领地了。语段意义、语篇意义，基本上与此相同。显然，语义学不应也不必，把其他学科的组成部分或研究对象硬揽入自己的研究疆域。

过去,有学者主张语义学研究对象应包括段意和篇意(如朱星《试谈汉语语义学》,载《文史哲》,1980年4月),这种意见并不合理。语义学真正需要和能够研究的言语语义,其实只包括语句和句群的意思。在这里,语句的意思——句意——是基本的对象;因为句意体现了一个可以表达完整思想感情的最小的言语单位的表意功能。另外,一般说来,句意较少涉及或体现专门学科的特殊知识内容,可以作为语义学的研究对象。句意之间的关系,则需要在句意的上下文,即句群的范围内来观察和分析。

具体说,语义学在研究言语语义方面的具体对象是——

1. 研究句意的基本形态;
2. 研究句意的一般结构方式;
3. 研究句意内部的种种语义关系;
4. 研究句意与句意之间的基本关系。

但是,对于句意或句群的具体内涵进行详细的诠释,对于这种具体内涵的正误、背景、影响和价值以及思想观念、意识形态的具体特点和表现做出判断和评价,语义学没有必要,也不可能进行研究。这种体现着具体学科的专门内容或思想观念的内涵,不是语义学者所能研究的。

最后归纳总结:语义学的研究对象是——描写和揭示语素义、词素义、词义、固定语义的义位及其变体,各种义位间的关系;研究句意的表现形态、结构方式及其语义关系;研究句意与句意间的基本关系。

第三章 语义层级

就现代汉语系统而言,目前通行的说法是根据结构的组成和功能把语义分为:语素(词素)、词、短语、句子、句群等层级。与此相应,语义也可以分为语素义、(词素义)、词义、短语义、句义、句群义等层级。这五个层级中的各个语言单位都是音义结合体,它们既有语音的一面,又有语义的一面,二者缺一不可。但是,单从语音方面,我们很难找出划分语言系统五级单位的确切依据。就像不懂外语的人在听某人用外语演说一样,只能听到哇啦哇啦的一片,分不出句子,更分不出短语、词和语素了。从这一点来看,起决定作用的是语义。各级语义都有自己的特点,它们是划分五级单位的根源。

一、语素义的特点

(一)语素可分为两大类

实际上,我们可以把语素分为两大类,一类是最小的能够独立运用的音义结合体,如"学""斗""陪""徘徊""参差""绸缪"等。它们的意义,既是词义,又是语素义。在它们身上,词义和语素义体现出一致性。另一类是最小的不能独立运用的音义结合体,如"隧""预""规""目""邦"等。在现代汉语这个平面上(不包括传统的成语),它们的意义只是语素义,不是词义。

(二)语素义不直接作用于句义

语素不是语言的使用单位,而是材料单位、备用单位,它不直接用于造句。如果让语素用于造句,首先得把它提升到"词"这个层级,才有资格充任造句的重任。这又分为三种情况:

1. 它本身成词;
2. 它与另一个语素组成词;
3. 它依附在词或短语上。例如:现代汉语,"人民"这个词由"人"和"民"这两个语素构成。"人"可以造句,因为它可以独立成词;而"民"却不能直接造句,必须组合成"民众""人民""民族""民主""民俗""民情"等词,才能造句。

语素和词之间不仅有共时的一身二兼的情况,而且还往往存在着历时相互演替的关系。古代汉语的一个单音节的词,在后来可能成为一个语素。如:"基"在古汉语中是一个单音节的词,可以直接造句——"贵以贱为本,高以下为基。"(《老子》)在现代汉语中,"基"可以构成许多双音节词——基本、基层、基础、基地、基点、基调、基干、基建、基金、基石、基业、基准等;但作为单音节词却从来没有出现过。这表明:古汉语的单音节词"基"到了现代汉语只能算是一个相当活跃的语素而已。上文所引的现代汉语语素"隧""预""规""目""邦"等,在古汉语中却都是可以直接造句的词:

隧——若阙地及泉,隧而相见,其谁曰不然?(《左传》)

预——凡事预则立,不预则废。(《礼记》)
规——圆者中规,方者中矩。(《荀子》)
目——目不能两视而明。(《荀子》)
邦——邦有道则仕。(《论语》)

在现代汉语中,"隧""预""规""目""邦"作为语素仍有固定的意义,但都不能单独出现在句子里,只能组合在"隧道""预约""规矩""眉目""邦交"等一系列复合词中才能出现在实际的语言活动中。

在语义的层级中,词义对句义的形成,可以直接产生作用;而语素义与句义之间,却只有间接的关系,也就是"雾里看花,终隔一层"。就是说语素义只有通过词义的折射,才能组成句义。同一个语素的几个义项,在是否可以直接组成句义方面也是不一致的,例如"渡"的三个义项:

1. 由这一岸到那一岸;通过;
2. 载运(人、物)过河;
3. 渡口(多用于地名)。

"渡"的这三个义项,只有1、2两个义项是可以直接参与造句的,如:

1. 万里长江横渡。/ 四渡赤水出奇兵。
2. 把人马、辎重全部渡过了长江。

但是,第三个义项却不同,如:

3. 风陵渡只剩下两条船。

用"渡"(渡口)这个义项时,首先必须把它组成词,如"渡口""摆渡""瓜州渡"等,才能用于造句。

再如:"护"有两个义项:1. 保护,保卫;2. 袒护,包庇。

第1项只用于语素义,须组成"护路""护林""护送""护卫""护航""护理"等词才能造句。

第2项却可以单独作为词义来用,如"官官相护""别护着孩子""上边有人护着他"等。

现在,在报刊标题和广告语中,由于不懂得区分词义和语素义,所以误把语素义用作词义的情况屡屡出现:

1. 昨天开国宴,举杯眺明天(新闻标题)——应用"眺望"。
2. 思懿"妖姬"乏魅,赵薇难闯"天关"(新闻标题)——应用"魅力"。
3. 苏州评选出十杰青年(新闻标题)——应用"杰出"。
4. 张慧冲捍国人尊严(新闻标题)——应用"捍卫"。
5. 华苑升级版,点滴铸非凡(房产广告)——应用"铸造"。
6. 顺驰华厦强强联手,共缔久华非凡品质(房产广告)——应用"缔造"。

这些句子都犯了一个同样的错误,就是误把语素义当作了词义。

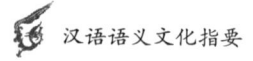
汉语语义文化指要

(三)语素义和词义的转化

语素义和词义并非井水不犯河水,它们在一定的条件下也会相互转化。这又分为三种情况:

1. 在对举语句中,语素义可以转化为词义。如:

(1)鲁迅不愧是文坛之英,民族之魂。
(2)她在众多的参赛模特中,貌压群芳,技盖众丽。

2. 在一些离合词中,语素义也可以转化为词义。如:

(1)他决心站好最后一班岗。
(2)市长恭恭敬敬地向代表们鞠了一个躬。

3. 在复杂的合成词中,一些词义转化成语素义。如:

(1)印刷→印刷品、印刷业、印刷体。
(2)艺术→艺术性、艺术品、艺术家、艺术界、艺术系。
(3)文化→文化界、文化人、文化宫、文化馆、文化衫。

(四)语素义并不都能直接构成词义

有些语素可以直接成词,它们的语素义就等于词义,这就是所谓的单纯词。除此之外,几个语素还可以合成一个词,这就是合成词。合成词又可分为两类:

1. 复合词:词根与词根的组合,如:钢铁、房产、机关枪。
2. 派生词:词根和词缀的组合,如:老鼠、鱼儿、叶子。

在合成词中,不论是复合词还是派生词,可以由语素义直接构成词义(自指)的只是极少数,例如"新潮""简要""说话""改良""地震""改正"等,就是由语素义直接构成词义的。而绝大多数合成词的语素义都要经过各种不同的方式,形成种种语义转移(转指),而不能直接构成词义。例如以下这些词的词义就不能由词义组合去直接解说:

江湖、手足、犬齿、犬子、吹牛、跳马、马虎、东西、冬烘(思想迂腐、知识浅陋)。

至于带有浓郁的修辞色彩的词和译音词,就更是如此了。例如:"山羊"是跳跃运动所用器械,"羊角"是弯曲向上的旋风,"白头翁"是鸟,"纺织娘"是昆虫,"刘海儿"是发型,"阮咸"是弦乐器,"臭大姐"是昆虫,"夏威夷"是短袖衫,"布拉吉"是连衣裙,"荷兰"是国家等。再如足球的"放水"和教学的"放羊",这两个词的意义与语素义本身相去甚远!

另如:"墨水"并不等于黑色的水;"墨镜"也不等于黑色的镜;"口红"不一定是红色的;"黑板"也不一定是黑色的;"铅笔"和"铅"没关系,而是用石墨或加颜料的黏土作笔芯的笔。"寒号虫"不是"虫","天牛"不是"牛","海关"无"海","老外"不"老","爬山虎""壁虎"不是"虎","灶马""海马""河马"不是"马","鳄鱼""甲鱼""鱿鱼""娃娃鱼"都不是"鱼"。这些词语的语义属于"悖理语义"。

对于语素义和词义之间的关系有的可以类推,有的不能僵直地类推,例如:

1. 中医：用中国医药学理论和方法治病的医生。(着眼于医疗方式)→西医、藏医
2. 庸医：医术低劣的医生。(着眼于医疗水平)→良医、神医
3. 兽医：治疗家禽家畜(包括动物园或动物保护区里的"兽")的疾病的医生。(着眼于医疗对象)→蛇医(不能类推为"治疗蛇的疾病的医生")给被蛇咬伤的人看病的医生。

就一般而言，语素义为词义的形成提供了相当广泛的基础，特别在区分词义上起着相当大的作用。例如"党员—团员—盟员—会员","先生—学生","化分—化合","学历—学力","权力—权利"等，其中带点的语素都有区分词义的作用。但是，由于语素义对词义只有间接的影响，这种作用并不能普遍适用，更不能只通过分析语素义来推导词义。许多"望文生义"的毛病即由此产生，例如：

白菜 ≠ 白色+菜/开白花+菜
黄瓜 ≠ 黄色+瓜
鸡眼 ≠ 鸡+眼睛
龙头 ≠ 龙+脑袋
牛刀 = 宰牛+刀/而 ≠ 骑着牛(冲锋)+刀
马刀 = 骑着马(冲锋)+刀/而 ≠ 宰马+刀

在现代汉语中有一些双音节复合词，其词义中不包括某个组成语素的语素义，这些语素义在整个词义中只是个陪衬。例如："国家"的"家"；"兄弟"(指弟弟或称年纪比自己小的男子)的"兄"；"窗户"的"户"；"忘记"的"记"；"动静"的"静"；"干净"的"干"；"人马"的"马"等，加重点号的这些语素的意义脱落了或虚化了，在词义的形成中

几乎不起或很少起作用,实际上,词义由另一个语素升级后形成。"人马"的"马",在古汉语中这个语素义是起作用的,但是在现代汉语中"马"的意义已经虚化了。也许是言语习惯,中国人说到集合体的"人",或参与战斗的"人",一定得带上个"马"——

领导班子还是原班人马
课题组的人马比较整齐
四个后卫人高马大
决赛前啦啦队人欢马叫好不热闹
上半场连进四球,把客队打得人仰马翻

另有"人困马乏""兵强马壮"等。
另外,还有一些词,其中的语素义究竟是什么,实在搞不清楚。例如:

把势——1. 武艺:练把势的。2. 会武术的人;精于某种技术的人:车把势,好把势。3. 技术:学会了田间劳动的全套把势。
本领——技能,能力:有本领,本领高强。
标致——相貌、姿态美丽(多用于女子):这两年她更标致了。
上当——受骗吃亏。
海报——戏剧、电影等演出或球赛等活动的招贴。
入神——对眼前的事物发生浓厚的兴趣而注意力高度集中。

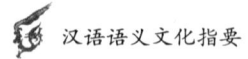
汉语语义文化指要

二、词义的特点

(一)词义与事物的对应性

和句子比较,词是备用单位,作为词的内容部分的词义自然也是备用的。但词义却具有与相关事物或关系的对应性。词可以分为实词和虚词两部分,它们的性质是截然不同的。

虚词义主要体现出与有关语言单位关系的对应性,主要指在词语组合时表现出来的,词语之间的关系的对应性。它们与事物之间的对应是间接的、曲折的,因此传统上把它们归于语法范围。

与事物的对应性,主要体现在实词义上。每一个实词都标示着一定的客观对象,这种标示客观对象的作用,就是由实词承担的。就词义和客观对象的关系来看,前者是后者在人们意识中的反映。不反映任何客观对象的词义是不存在的。例如:

1. 杜鹃花落杜鹃叫,乌臼叶生乌臼啼。(唐人张祜诗句)
2. 刘子政玩弄《左氏》,童仆妻子皆呻吟之。(王充《论衡》)

例1前一个"杜鹃""乌臼"是植物;后一个"杜鹃""乌臼"是鸟。

例2刘子政就是西汉著名的经学家刘向。"玩弄"就是手不释卷,仔细玩味研习;"左氏"即《春秋左氏传》;"呻吟"就是吟诵、诵读的意思。每一个实词义都与客观对象相对应,至于在现代汉语中"玩弄"和"呻吟"的词义发生了变化,那属于另一个论题,故不赘论。

多数词义是反映现实生活中存在的(包括曾经存在和将要出现

的)事物的,也有少数词义并不反映现实生活中存在的事物,而是反映人们精神生活中存在的事物的(例如"仙人""魑魅""天堂""地狱""龙""凤凰""麒麟"等)。就是说,现实生活中实际存有的事物和精神生活中虚构的事物,词义都可以加以反映。因此可以明确论定——任何词义都有各自反映的客观对象。

(二)词义的社会性

某种语言的词义,是使用该语言的社会群体在长期的言语交际过程中约定俗成的。所谓词义的社会性,指特定的社会制度、经济形态、政治气候、时代背景、文化传统、民族心理、习俗惯制等,对词义的形成和运用产生的影响。词义的社会性包含两层含义,第一层含义指的是词义依赖社会的存在而存在,第二层含义指的是对词义的运用须依赖社会的约定俗成。

1. 词义依赖社会的存在而存在

在距离今天四五千年的殷商时期,由于生产力的低下,农业生产的丰歉取决于自然界的各种因素;加上动荡不安的社会状况,人们难以预见和控制命运和未来;因而祭祀卜卦流行而发达。这些反映在甲骨文的词义中,有关年岁、天象、吉凶、征伐、梦兆、婚娶、使命等,无不打上祭祀占卜、求天问地的烙印。进入畜牧和农耕社会,农耕主要动力——"牛"和主要交通工具——"马",对于它们的年龄、大小、颜色、特点的区分到了极为精细的程度。这充分表现在词义上,例如:

牛的类别

牡、牤、特——公牛;

牝(pìn)、牯(gǔ)、牸(zì)——母牛;

犊（dú）——小牛；

牷（quán）——毛色纯的牛；

犖（luò）——毛色驳杂的牛；

牻（máng）——毛色黑白相杂的牛；

犨（chōu）——毛色白的牛；

犗（jiè）——阉割过的牛。

马的类别

駃（jué）、駔（zǎng）、骁（xiāo）、騉（kūn）、騄（lù）——骏马名；

驽（nú）——劣马；

骊（lí）——毛色纯黑的马；

駽（xuān）——毛色青黑的马；

骐（qí）——毛色青黑并有条纹的马；

骓（zhuī）——毛色苍白相杂的马；

駝（tuó）——毛色斑驳似鱼鳞的青马。

騧（guā）——黄毛黑嘴的马；

駂（bǎo）——毛色黑白相杂的马；

駓（pī）——毛色黄白相杂的马；

駰（yīn）——毛色浅黑带白而毛梢稍微带红色的马；

驊（huá）——毛色红而有花点的骏马；

骆（luò）——尾和鬣是黑色的白马；

馵（zhù）——左后足毛色白的马；

驤（xiāng）——右后足毛色白的马。

以上列举的这些以"牛""马"为偏旁的字，大多数现在已经不再使用了。虽然它们只保留在字典中，但却如同化石一样，展示着数千年前农耕社会的生动情境。

2. 对词义的运用须依赖社会的约定俗成

一个词义的确定和使用习惯的转移要取决于社会的接受、认同和约定俗成。如"朕",在先秦是一般的第一人称代词,例如"帝高阳之苗裔兮,朕皇考曰伯庸""回朕车以复路兮,及迷途之未远"(《离骚》)。这里的"朕"相当于现代汉语的"我",指屈原自己。后来,秦始皇把"朕"作为自己的专称,社会接受了这一用法,于是"朕"这个词义的使用范围就大大缩小了。

毛泽东在20世纪40年代的讲话和文章里常用一句话:"放下包袱,开动机器。"把"包袱"比作思想负担,把"机器"比作思维器官。如今,"包袱"的比喻用法已被全社会接受,堂而皇之地进入《现代汉语词典》,成为一个词义。可是"机器"的比喻用法则没有成为词义;这因为它并没有被全社会接受,只能属于个人的用法。

(三)词义的模糊性

所谓词义的模糊性,是指词的义界(语义切分的界限)不够明晰,就是说词义所概括的客观对象的范围缺乏明确的界限。词义的模糊性大体上可分为三种类型:

1. 客观的模糊

反映时间、颜色、距离、速度等事物的词,其语义切分的界限不十分明确,这样就造成了词义的模糊性。例如:

"月初""月末"——语义界限的一端明确,另一端不明确。

"黎明""中午""傍晚""半夜""春天"——语义界限的两端都不十分明确。

"儿童""少年""青年""壮年""中年""英年""老年"等表示时间概念的词语,在界线划分上很不严密,都具有模糊性。

再如"溪"与"河","树林"与"森林","山丘""山峰""山岭"与"山脉"等表示空间概念的词语，它们之间都没有明确的分界点。以上这类事物(或概念)之间，都存有相互过渡的阶段。要想在它们之间硬性规定出一个放之四海而皆准的绝对精确的外延界限，简直是不可能的。

2. 主体认识的模糊

由于认识水平的局限，人们对于许多事物的认识还是"模糊"的。例如：

"鲸鱼"——原先中外都把它归入鱼类，实际上是哺乳动物。

在人们确立日心说之前，中外盛行地心说，所以都习惯于说"日出/日落""旭日东升/夕阳西下""太阳出来了/西边的太阳就要落山了"。

在人们发现脑是思维器官之前，中外都以为心是思维器官。孟子说："心之官则思。"于是就出现了"心想""心算""心思""心知""挖空心思""心上人""你心里根本就没有我"等不科学的说法，一直绵亘运用至今。

如果用现代科学眼光"较真儿"——"钢笔"是"金属做笔头的笔"，可实际上笔头的材料多不是钢，而是铁或合金。"铁笔"是"刻蜡纸用的笔"，可实际上笔头的材料不是铁，而是钢。"铁路"所铺设的轨，不是铁，而是钢。

3. 相对性带来的模糊

词义的模糊也包括了相对性，例如在严寒的冬季，零下10摄氏度，对上海来说就算很冷，对天津来说就算正常，对哈尔滨就算很暖和了。又如中国三北地区(东北、西北、华北)的居民和南方人，对"冷"的内涵词义理解是相同的，但外延词义却很不相同。三北地区在冬季有室内供热设施，那儿的人能区分出严寒时室内和室外两种不同意义上的"冷",而对于南方人来说,只有一种意义上的"冷"。以绝对温度计,三北地区室外的"冷温度"要大大低于南方,而室内的"冷温度"又大大高于南方。

"轻"与"重",只能相对而言,每个人的感受不一样,认定也不同。例如30公斤重的行李,对于一位都市姑娘来说,是很"重"的了;但在大兴安岭伐木工人手里,实在太"轻"了。

"很久"这个词语表示时间长久,但在具体环境中只是相对而言。例如:

(1)他在车站等你~了(几个小时)
(2)他病得够呛,~没有吃饭了(几天)
(3)~没见到你了(可能是几个月)
(4)这是~以前的事了(可能是几年)
(5)在~~以前……(可能是一百年、一千年以前)

和词义的社会性相比,词义的模糊性不是绝对的,所以它只是词义的一般的、次要的特点,而不是词义的本质特征。

(四)词内的反义对立和正反同词现象

所谓词义反义对立是指同一词项有意义或用法相反或相对的现象。尤其是现代汉语的一些动词分别具有向与背、授与受、臧与否等反义对立关系。

1.向与背的对立

例如:"下场""下岗""下螺丝"表示离开、分离;而"下厂""下馆子""下面条"却表示趋赴、进入。

"走了火""走了油""走了气"表示离开、分离;而"走西口""走南闯北"却表示趋赴、进入。

"出国""出轨"表示离开、分离;而"出庭""出场"却表示趋赴进入。

"去职""去世""去污"表示离开、分离;而"去天津""去山区""去连队"却表示趋赴、进入。

再如"擦汗""擦脸"表示从脸上擦掉汗水、污垢之类;而"擦油""擦粉"却表示把油膏化妆品之类擦在脸上。

"刮胡子"是把胡子从脸上刮去;"刮脸"也是刮去脸上的胡须之类,并不是把脸刮去。

"放"也属此类,既可表放入,又可表放出,"在咖啡里多放点糖""把钱放在口袋里"是放入;而"把车胎的气放了""放虎归山""放冷箭"却指放出。

2. 授与受的对立

"授"是交付、施与,"受"是接受、承受,二者相反相成。如:

"我借老李一本书"(向老李借来/借给老李);
"这间房子我已经租了"(向出租人租的/租给了人);
"枪都缴了"(交出,上缴/收缴),
"我在上课"(给学生讲课,即授课/听老师讲课,即受课);
"我在理发"(给人理发/接受理发);
"我在看病"(给病人诊病/接受医生诊病);
"我在照相"(给别人照相/别人给自己照相)等。

以上这些句子都有歧义,是因为这些动词有"授""受"对立的义位。

3. 毁与成的对立

"毁"与"成"的对立，也就是破坏与建设的对立。有些词的意义既表有所"毁"，也表有所"成"，"毁"与"成"反义对立，并存并用。如：

"家具打了"（打毁／打成）；
"木炭烧了"（烧毁／烧成）；
"衣料撕了"（撕毁／撕得，撕成）；
"木板破了"（破损／破成，破得）等。

尤其是"打"这个词的用法很复杂，如《现代汉语词典》有"（器皿、蛋类）因撞击而破碎"义项，此含有损坏的义素（如"鸡飞蛋打""打了四个碗"）；而"制造"（如"打烧饼""打刀"）义，"编织"（如"打毛衣""打草鞋"）义，则含有成就的义素。

4. 臧与否的对立

动词"臧"与"否"反义对立，是由词义里包含的情感义素决定的。同一个词，既表"臧"，也表"否"，这便是臧否对立。

"骄傲"这个词相当典型：可以表示与"自豪"相当的意义，含有"臧"的情感义素；也可以表示与"自满"相当的意义，则含有"否"的情感义素。"自豪"和"自满"是反义词，在"骄傲"一词里则为两个对立的义位。

如"我不能再哄孩子了"是歧义句，因为其中的"哄"，既可以表示哄逗、带引乃至使人高兴的意思，也可表示哄骗、欺骗的意思，前者为"臧"，后者为"否"。

再如"把一点小事夸得比天大"，这个"夸"是虚夸的意思，含否定评价的义素；"大家都夸他为人厚道"，这个"夸"是夸奖的意思，含肯定评价的义素。

再如"闹"。"又哭又闹""闹别扭""闹矛盾""闹火灾"中的"闹",含否定评价义素;而"闹市""热闹"的"闹"表示活跃、旺盛,"闹元宵""闹革命""闹生产"的"闹"表示声势大,都含积极的肯定的评价义素。[①]

所谓正反同词现象在汉语中也是存在的,这给词义构成的理据分析带来了一些很难说清楚的麻烦。例如:"养身"的"养"是使之健,"养病"的"养"却是使之消。"救命"的"救"是使之存,"救火"的"救"却是使之灭。

再如:

这道题真难,我好容易才做好。——这道题真难,我好不容易才做好。

中国女排以三比零的成绩战胜了美国队——中国女排以三比零的成绩战败了美国队。

给他一元钱就得了——给他一元钱不就得了。

来中国之前,我就知道天津——没来中国之前,我就知道天津。

别拿冷水洗脸,小心着凉——别拿冷水洗脸,小心别着凉。

在这些相应的一组句子的词义组合中,"好容易=好不容易","战胜=战败","难免=难免不","就得了=不就得了","来之前=没来之前","小心……=小心别……"形成了同义反构现象。

另外,在词语意义中,某些构成成分的语义也有虚化现象,如:"红墨水""黑口红""白黑板""小大门""白乌鸦""男阿姨""女光棍"等。

其中"红墨水"中的"墨","黑口红"中的"红","白黑板"中的

[①] 本节参考并引用了郑远汉《论词内反义对立》(载《中国语文》1997年第5期)一文的观点和例句。

"黑","小大门"中的"大","白乌鸦"中的"乌","男阿姨"中的"阿姨（女性）","女光棍"中的"光棍（男性）"等成分都已经虚化,即失去了本身所具有的意义。

（五）确定词义单位应注意的问题

1. 固定词义和临时词义

在对词义进行分析时,应注意词的固定用法和临时用法。在日常对话中,人们为了取得某种特定的表达效果,常常临时赋予某些词以特殊的含义。例如：

上有飞机,下有坦克,我一宿没睡好!

这"飞机"指"蚊子",这"坦克"指"臭虫"。从言语使用效果上衡量,话说得很生动、很有趣;但不能因此而认为汉语中的"飞机"新添了"蚊子"义,"坦克"新添了"臭虫"义。再如网语中的"美眉""恐龙""大虾""斑竹""灌水""造砖"等在网民中很为流行,但不宜(起码目前不宜)作为共同语语汇而进入权威的规范词典中。修辞中的"反语"也是一种临时的用法,不能根据喝倒彩的"好!"而确定"好"还有"不好"一义。当然,词的某些新颖的临时用法,可能被人们普遍接受,扩大应用范围,从而在权威报刊传媒上屡屡出现,经过实践的检验,逐渐成为固定的用法,这时就给这个词增添了新义。例如"红领巾"因经常被用于借代而有了"少先队员"这一新义;"下马"因经常的比喻而有了"停止或放弃某项工作、工程"这一新义。偶一为之的由修辞而产生的临时词义,尽管精彩而生动,但也很难被确定为固定的词义。例如鲁迅杂文"满心婆理而满口公理的正人君子们",这里的"婆理"只是临时创造的仿词,难以被确定为正式的词义。

2. 历时词义和共时词义

另外,在分析研究词义时,还要区分"共时"与"历时"。同一种语言在不同的时代,对于词义的概括情况也不尽相同,因而不能以此一时代的情况为标准去要求或衡量彼一时代。例如,在古代汉语中,"沐""浴""盥(guàn)"、"洗"这四个词分别表示"洗头""洗身""洗手""洗脚"这四种行为:

(1) 新沐者必弹冠,新浴者必振衣。(《史记·屈原列传》)
(2) 奉(pěng)匜(yí)沃盥。(《左传·僖公二十四年》)
(3) 汉王方踞床洗。(《汉书·黥布传》)

在现代汉语中,这四种行为则一概统称为"洗"。但我们不能比照古代汉语,而说现代汉语"洗"的词义中有洗头、洗脚、洗手、洗身等四个词义单位。

3. 泛指词义和特指词义

另外,还要注意某些词义具有"泛指义"和"特指义"。例如:

【喜事】①值得祝贺的使人高兴的事:孩子考上大学,这可是个大~。
②特指结婚的事:~新办;什么时候办~?
【喝】①把液体或流食咽下去:~水;~茶;~粥;~汤;~酒。
②特指喝酒:爱~;~醉了;每顿都~二两。

(六)词义在语义中的中心地位

词义在语义中处于中心地位,这是因为词在语言中居于重要地位而决定的。在言语交际中真正起交际作用的是句义,其中虚词的词义主要承担组合义,而句义中的实体义则由实词的词义来承担。实践告诉我们——在阅读中如遇到不能理解的句子时,主要的障碍往往来自这个句中存有一个或多个生涩的、难于理解的词义。人们往往通过查词典,去破解这些生僻词义;一旦可以正确地理解这些词义,通过相应的组合关系,整个句子的句义便迎刃而解。

短语义本身需要通过组成它的词义才能得到解释,语素义既不能用于组成句义,也往往不能直接用于组成词义。例如"娘"这个语素可以升格为词义,也可以和其他语素构成复合词,如"姑娘""新娘""红娘""婶娘""大娘""老娘"等,辈分悬殊,而"老娘"也不一定比"大娘"老。总之,词义是语义系统中承上启下的核心环节。

三、短语义的特点

短语是介于句子和词之间的语言单位。它是由两个或两个以上的词组成的——这是它和句子相近的地方;但它仍属于造句的材料单位、备用单位——这是它与句子在性质上的区别之处,也是它与词相近的地方。与此相应,短语义既有与词义相同的一些性质,也有与句义相同的一些性质。

(一)短语义与词义相近之处

在与事物的对应性、模糊性、社会性等方面,短语义与词义的性质是相同的。

(二)短语义与句义相近之处

短语义与句义的相近之处,主要是结构组合上的自由性和临时性。

在现代汉语中,所有的句子都可以由词和短语组成,其中使用量较大的是短语。句子要表达千变万化的主客观世界,就应根据需要随时组合各种语言材料,这个组合过程实际上是由短语完成的。因而,一般短语被称为自由短语,体现出结构组合上的自由性和临时性。

(三)固定短语义

固定短语也是词和词的组合,但是它们的组合比较固定,一般说来结构不能扩展,语序也不能颠倒。它们失掉了一般短语所具有的自由性和临时性,从而在性质上与词义更为近似。有不少固定短语的意义并不能从字面上看出来,还有一些固定短语含有不能单独使用的、在其他地方极少出现的词,请看下列古老的固定短语:

方兴未艾　　刚愎自用　　居心叵测　　方枘(ruì)圆凿(záo)
井蛙醯(xī)鸡　高屋建瓴　　暴虎冯河　　釜底抽薪

这些带重点号的词随着固定语流传下来,但它们本身已经是死去了的词汇单位了。固定短语中有一些词的意义,只存在于某些特定的固定短语中,例如:"头童齿豁"的"童"是"秃"的意思,"杀人越货"的"越"是"抢劫"的意思,"殃及池鱼"的"池"是"护城河"的意思,"赴汤蹈火"的"汤"是"热水"的意思,"走马观花"的"走"是"跑"的意思。由此可见,在现代汉语固定短语义的构造成分中,存有与一般常用词义差别很大的特殊词义。只把握常用词义,有时并不能正确地理解固定短语的意义。

固定短语义的显示,有两种性质不同的情况:

1. 固定短语的语义由字面义直接表达出来,例如:

和颜悦色、事与愿违、成家立业、感恩图报、循规蹈矩、周而复始、唯我独尊、萎靡不振、委曲求全、喜形于色、转悲为喜、一事无成、永无止境、相机行事、蹿房越脊等。

2. 固定短语的真实语义隐含在深层,由表层的字面义暗示出来,例如:

马到成功、兔死狗烹、泥牛入海、青出于蓝、缘木求鱼、与虎谋皮、丝丝入扣、退避三舍、掘室求鼠、骑虎难下、鹤立鸡群、车水马龙、门可罗雀、唇亡齿寒、请君入瓮等。

这就是成语的双层表意方式,其字面意义只起烘托、暗示或引导出固定短语真实语义的作用;而固定短语的结构是稳固的,不能随意加以改变。

固定短语不像词那样存在着大量多义的情况。一般说来,固定

短语在语言运用中具有多项意义的情况是较为少见的;但确也存在着一部分多义的固定短语。例如:

粗制滥造——①指产品制作粗劣,不讲究质量;②指工作不负责任,草率从事。
眉来眼去——①形容眉目传情;②形容暗中勾结。
开玩笑——①用言语或行为戏弄人;②用不严肃的态度对待,当作儿戏。
平易近人——①态度谦逊和蔼,使人容易接近;②(文章)浅近易懂。

四、句意的特点

句子是由更小的语言单位(成分)自由组合形成的,这种自由的组合可以满足人们在社会生活各个方面的交际需要。一言以蔽,句子是最小的完整的言语单位,它表达的意思应该是完全而自足的。另外,独立的短语(如不止一个词的标题、题匾等)也基本上与句子类同,也可以表示一个完整自足的意思。可以把句子的意思和独立短语的意思统合起来,统称为句意。①

(一)现实性

句意的主要特点是现实性。说写者为了交际的需要组织起句

---

① 参看刘叔新《现代汉语理论教程》第352页,高等教育出版社,2002。

子,通过句子所负载的意义告知或影响听读者;而听读者在了解句义后就可以做出反应。因此句意总要与某种现实相联系,如提倡、通知、限定、否定、呈现、劝告、禁止、鼓励、促使、暗示、提醒、解释、命令、沟通、抗议等等,都是为交际目的服务的。句子的语义内容总是与交际活动的时间、空间、事件、说写者、听读者等因素有关的。

(二)自由性和临时性

句意的另一个特点是句意在组织上的自由性和临时性。因而,语义学研究的句意,可以说有无穷的数量和无限的多样性。

言语单位,通常指的是言语作品,即人们运用语言的结果或产物。言语单位的层级是:

1. 语句(一句话、一个独立的短语);
2. 语段(一段话);
3. 语篇(一篇演讲、一篇文章);
4. 著作(一本书)。

语义学对言语性语义的研究,考察分析的重点对象是句意以及句意与句意的关联情况;而对于语段、语篇、著作意思方面的内容,则不必纳入研究的范畴。

第四章 语义单位

语义系统是由不同的语义单位组成的,言语的意义也是由不同的语义单位组成的。所谓语言中意义(或者说内容)的单位,共有 8 种,它们是义项、义素、语素义、义位、义丛(词组的意义)、句意、言语作品意义和附加义。其中,句意、言语作品意义和自由组合的义丛(即自由词组的意义),其内容属于言语范畴,在内容和形式的结合上呈现出极其纷纭复杂的状况,在此无法作详尽剖析。

本讲依次阐释的主要语义单位是义项、义素和义位。

一、义　项

(一)什么是义项

"义项"这个词是词典学、词汇学的术语。请看以下两个定义:

义项:字典、词典中同一个条目内按意义分列的项目。(《现代汉语词典》)

义项:指同一个词的每个词义。只有一个义项的词为单义词,具

有两个以上义项的词为多义词。(《语言学百科词典》)

从语义学角度下定义——义项就是从语言单位的内容中分析出来的语义项。

义项多用于词义研究。例如:

【功过】功劳和过失。
【功劳】对事业的贡献。
【对手】①竞赛的对方:我们的下一个~是上届的冠军队。
　　　　②特指本领、水平不相上下的竞赛对方:棋逢~。
【法场】①僧道做法事的场所;道场。
　　　　②旧时执行死刑的地方;刑场。
【烘托】①国画的一种画法,用水墨或淡的色彩点染轮廓外部,使物象鲜明。
　　　　②写作时先从侧面描写,然后引出主题,使要表现的事物鲜明突出。
　　　　③泛指陪衬,使明显突出:蓝天~着白云/红花还要绿叶~。
【手头】①指伸手就可以拿到的地方:可惜不在~上。
　　　　②个人某一时候的经济状况:~紧/~还不够宽裕。
　　　　③指写作或办事的能力:~利落。

"功过""功劳"是单义词;而"对手""法场"有两个义项,"烘托""手头"有三个义项,均属于多义词。在分析词义时,应注意把"条目"和"义项"区分开来。因为同形而分条列出的一组同形词,和同一个词的一组义项是性质不同的两码事。例如:

【大白¹】粉刷墙壁用的白垩:刷浆用了40斤~。
【大白²】(事情的原委)完全清楚:真相~/~于天下。
【人流¹】像河流似的连续不断的人群。
【人流²】人工流产的简称。
【人流³】人才流动的简称。

以上所举的两个"大白"、三个"人流"是两组同形异义词,每一组的词尽管字面完全相同,但不属于同一个语言单位,与同一个词的一组不同义项不能混为一谈。后者是同一血缘的亲属,而前者不过是外貌酷似的陌路人。

(二)义项的派生

如果所有的词义都是单一的,就无所谓义项了;但是,一词一义只是某种理想的状态,随着时间的推移,在原有词义的基础上,很多词总会派生出一些新的意义来,这就形成一个词有几个义项的情况。词义的历史演变表明,词的义项派生有以下三种情况:

1. 词义的扩大

所谓词义的扩大,是指新出现的词义较之固有词义在外延上拓宽了,扩展了,由表种概念扩展到表属概念。例如:

【代价】①获得某种东西所付出的钱。
②泛指为达到某种目的所耗费的物质和精力。
【伯父】①父亲的哥哥。
②称呼跟父亲辈分相同而年纪较大的男子。
【顶峰】①山的最高峰。

②比喻事物发展过程中的最高点。

【温床】①冬季或早春培育蔬菜、花卉等幼苗的苗床。

②比喻对某种事物产生或发展有利的环境。

2. 词义的缩小

所谓词义的缩小,是指新出现的词义较之固有词义在外延上变窄了,收缩了,由表属概念缩小到表种概念。例如:

【群众】①泛指人民大众。

②特指没有加入共产党、共青团组织的人。

【大革命】①大规模的革命。

②特指我国第一次国内革命战争。

【菊花】①多年草本观赏植物,卵形叶,边缘有缺刻或锯齿。秋季开花。经人工培育,品种很多,颜色、形状和大小变化很大。

②这种植物的花。

【青稞】①大麦的一种,粒大,皮薄。主要产在西藏、青海等地。

②这种植物的子实。

3. 词义的转移

所谓词义的转移,是指新出现的词义较之固有词义在内涵上有了根本性的改变,词义由指称甲事物转为指称乙事物。例如:

【雏儿】①幼小的鸟。

②比喻年纪轻、阅历少的人。

【万金油】①药名,清凉油的旧称。

②比喻什么都能做,但什么都不擅长的人。
【红装】①妇女的红色装饰。
②指青年妇女。
【精神】①表现出来的活力。
②活跃;有生气。

"雏儿""万金油"为比喻义,"红装"为借代义,"精神"是词性的转移,由名词转化为形容词。

词义的历史演变,往往不是用新义代替旧义,而是新旧义同时并存。例如【包袱】有四个义项:①包衣服等东西用的布。②用布包起来的包儿。③比喻影响思想或行动的负担。④指相声、快书等曲艺中的笑料。把笑料说出来叫"抖包袱"。在这四个义项中,①②是固有的词义,③出现较晚,④出现早于③。

(三)义项与语义变体

不管一个语言单位有多少个义项,这些义项都是从该语言单位所出现的各种语境中分别概括出来的。每个义项只能适用于这个语言单位的一部分语境。一个语言单位各个义项之和就等于该语言单位的全部语义,可以涵盖这个语言单位所出现的所有语境。同一个语言单位的各个义项之间是相互牵连而互补的;但某一个具体的语境,应该也只能容纳其中某一个义项(否则,就会出现双关或歧解了)。某一个语言单位用于某一个具体语境之中的只有一个义项,这个义项就是这个语言单位的语义变体。语素、词、短语都有语义变体,有的只有一个变体,有的有多个变体。例如:

第四章 语义单位

【宦】①官吏。②做官。③宦官。

"宦"这个语素有三个义项,也就是说有三个语义变体,分别出现在"~海浮沉""仕~人家""一介~臣"这样的语境中。

【求】①请求:~教/~救/~人办事/~您帮我做一件事。
　　②要求:力~改进/精益~精。
　　③追求;探求;寻求:~学问/实事~是/不~名利/刻舟~剑。
　　④需求;需要:供~关系/供大于~。

"求"有四个义项,都是语素义变体,其中①③可以作为词义变体,独立运用;②④只能是语素义变体。合成词的词义变体则始终是词义变体,例如:

1. 当年他的全部家当就是一个包袱。
2. 这种心理活动,表明了你已经背上思想包袱了。
3. 这段相声的结尾有个包袱没抖响。

这三个"包袱"分别是三个语义变体。如果再利用它们造词(例如"包袱皮儿"中的"包袱"),才降格为语素义变体。
　　短语的语义变体比较少。作为一个语言单位的语义变体之间,必须在语义上有某种联系,在使用上形成互补。例如:

【不是味儿】①味道不正:这个菜炒得~。
　　　　　②不对头;不正常:他的作风,我越看越~。
　　　　　③(心里感到)不好受:他这一哭,真让人觉得~。

"不是味儿"的三个义项可以构成三个语义变体，因为②③两项明显与①有关。它们只是一个语言单位。一个短语如果有两个意义，便是歧义短语。例如：

咬死了/猎人的狗
咬死了猎人的/狗

这是两个歧义短语，在外在形式上，构成这两个短语的材料完全相同，但二者在语义上并无联系，可称之为"同形短语"。

（四）义项的作用

迄今为止，语义学对于义项的缺乏重视，形成了语义研究中一个较为薄弱的环节。在语义网络中，实际上起作用的主要是义项。在交际过程中，我们遇到的都是一个个具体的义项，而不是囫囵的语言单位的意义。在具体的言语行为中，如果把义项弄错了，就会造成对语意的费解、误解或歧解。例如：

1. "你是老师，你出个价，我要承包你的知识，让我儿子将来也上大学、出国、混个博士。"
"你这是梦话！"
"我睡得很好，从来不说梦话。"　　（江灏《纸床》）
2. 强盗（用匕首抵住男主人的胸部，恶狠狠地）："快把现款和首饰拿出来！不然我给你一点颜色看看！"
女主人："大哥，不必了，他是个色盲。"　　（笑话）

例1"梦话"有两个义项,前者说的是"不切实际的不能实现的话",后者却理解成"睡梦中说的话"。义项不同,造成误解。例2"颜色"也有两个义项,前者说的是"显示给人看的厉害的脸色或行动",后者却故意解说为"五颜六色"的"色彩",形成了谐解的幽默。

同义词辨析的实质,乃是对于相关词的对应义项的辨析。例如"美丽-漂亮"这个同义聚合体,也只能在"好看"这一义项方面进行辨析,而"漂亮"的另一义项"出色"(如"事情办得漂亮"/"打了一个漂亮仗"/"英语说得漂亮"等),与"美丽"无关,就无从比较异同了。

反义聚合体也如此。为什么同一个词可以跟其他几个词分别组成反义聚合体呢?主要是因为这个词有几个义项,而这些义项可以各自组成反义聚合体。例如:

	义项	相应的反义词
开	①使关闭着的东西不再关闭;打开:~门/~锁/~箱子/不~口。	关/闭/封/盖/合
	②打通;开辟:~路/墙上~了个窗口。	堵
	③(合拢或连结的东西)展开;分离:桃树~花了。	谢/落
	④发动或操纵(枪、车、机器等):~拖拉机/火车~了。	停

	义项	相应的反义词
正	①垂直或符合标准方向:~南/~前方/~面/前后对~。	偏/侧/歪
	②位置在中间:~房/~院儿。	侧/偏
	③正面:这张纸~面很光滑。	反
	④基本的;主要的:~文/~本/~编/~职/~高。	副
	⑤大于零的:~数/~号/负乘负得~。	负
	⑥正直:人品~/办事很~。	邪

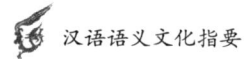

语义学中主要的研究方法——义素分析,也是以义项为着眼点进行的。所有的词典都立义项,描写和研究语义也应以义项为着眼点,因为在语义系统中实际上经常起作用的核心单位就是义项。

二、义　素

(一)义素是义项的构成成分

义素,又可称为"语义成素"或"语义构成成分"。它是构成语义的最小单位。任何一个意义都可以分解成一些更小的单位,而分到最后得出的最小的单位就是义素。

义素并不同于义项。义项是就某一个词的全部内容进行分解而成的,各个义项勾连互补由此形成整个词义。它们都对在一定语境(上下文)中的词有解释力。义素则不同,就某种意义上来说,它是对义项进一步分析的结果。比如"走"的一个义位是"行走",对它进一步分析,经过与同类的其他词如"跑""跳""奔"等比较,可以得出这个词的语义特征:"用脚、相互交替地、向前、移动"。这里的[用脚]、[相互交替地]、[向前]、[移动]就是"行走"这个义位的4个义素。其中方括号"[ ]"是义素的标记。例如:

男人:[人]+[成年]+[男性]
灯:[器具]+[发光]+[照明]
雨:[空中降落物]+[液体]+[成滴状]
凳子:[坐具]+[腿]-[靠背]
椅子:[坐具]+[靠背]+[用木、竹或藤等制成]

沙发:[坐具]+[靠背]+[扶手]+[装有弹簧或泡沫垫等弹性物]

(二)义素与语义场理论

在同一种语言中有某些语义关系的各个词语可以组成语义场。所谓语义场是"归属于一个总称之下、意义密切关联的一组词"。从语义角度来看,语言中许多词语在语义上都可能互相关联,既有共同点,又有区别点。语义学借用物理学中"场"的理论(如电场、磁场、引力场等),认为这些在词义上处于相互关联、相互影响的词语,也处于一个"场"中,这个场便是语义场。例如:

直系亲属场:祖父、祖母、父亲、母亲、儿子、女儿
颜色场:红、黄、蓝、白、黑
家具场:桌、椅、凳、沙发、几、柜、箱、橱、床
军衔场:元帅、将军、校官、尉官、军士、士兵
行政官衔场:总理、国务委员、部长、司长、厅长、局长、处长、科长、股长
烹调方法场:煎、炒、烹、炸、爆、熘、炝、汆、涮、烤、蒸、煮、炖、熬、扒、烧、煸、焖、烩、熏、烙、拌……

语义场是有层次的,可以分为母场和子场,子场又可以分出分子场,例如:

家具场	坐具场	椅子	木椅
			沙发椅
			藤椅
			餐椅
			转椅
			摇椅
			塑料椅
			……
		凳子	
		沙发	
	卧具场		
	橱具场		
(母场)	(子场)	(分子场)	

同一语义场内词与词之间关系的性质各不相同,可以划分出不同的类型。

按组成结构,可以划为:

A 纵列型(分等级序列的),如:

- 军衔名称(帅—将—校—尉—士—兵)
- 行政区划名称(省—市—县—乡—镇—村)
- 职务名称(部长—局长—司长—处长)

B 横列型(不分等级的),如:

- 职业名称(工人—农民—商人—教师—记者—律师—导游—医生)

C 系列型(自成体系)如:

- 节气名称
- 生肖名称

· 月份名称

按词的数量,可以划分为:

A 开放型,如数码。

B 封闭型,如方向名称、季节名称等。

按排列顺序,可以划分为:

A 有序型,如:天干、地支、星期的名称。

B 无序型,如:树名、花名等。

按词义间关系的性质,可以划分为:

A 相同型,如:道—路,奔—跑等。

B 相反型,如:朝—夕,白—黑等。

C 相对型,如:师—生,夫—妻等。

D 相属型,如:树—柳树,陆军—装甲兵等。

(三)义素分析的作用

义素并不能单独存在,而是须由若干义素凝合在一起,形成词义的内涵,义素分析有很强的解释力。

所谓"义素分析法",是指深入一个词的内部,把词义分成许许多多的义素,然后分析这个词的义素构成情况,从而达到认识、比较、区分词义的目的。

具体可以用两种格式,对义素进行分析。一是列出语义结构式,例如:

挑:+[肩膀]+[支起重量]+[搬运]+[用扁担]

扛:+[肩膀]+[支起重量]+[搬运]-[用扁担]

另一种是画出语义矩阵,例如:

	交通工具	陆 路	机 动	载 人
自行车	+	+	−	−
助力车	+	+	+	−
摩托车	+	+	+	+

在类属义场里,下位词的义素在上位词的义素之外,又增加了新的义素。例如:

车:[运输工具]+[陆路]+[有轮]

汽车:[运输工具]+[陆路]+[有轮]+[内燃机为动力]

载货汽车:[运输工具]+[陆路]+[有轮]+[内燃机为动力]+[载货]

客货两用汽车:[运输工具]+[陆路]+[有轮]+[内燃机为动力]
+[载货]+[载人]

在同义义场里,各个词的意义是相同的或相近的,但也存有某种差异。首先看一组名词的义素分析图表:

	男性 (性别属性)	年长 (年龄属性)	同胞 (关系属性)	亲属 (类别属性)
哥哥	+	+	+	−
姐姐	−	+	+	−
弟弟	+	−	+	−
妹妹	−	−	+	−

请看一组动词的义素分析图表：

	动作主体	工具属性	处所属性	动作客体	动作类别
拾	人	手	地上的	东西	取
捞	人	手、工具	水里、其他液体里	东西	取
摘	人	手	植物的花、果、叶	东西	取
抽	人	手	夹在中间的	东西	取
掏	人	手、工具	物体的内部	东西	取

再请看一组形容词的义素分析图表：

	性状适用范围	性状程度	性状特征	性状类别
热	物体／气候	相当	高	温度
温	物体／气候	比较	高	温度
凉	物体／气候	比较	低	温度
冷	物体／气候	相当	低	温度

义素分析有助于搞清楚多义词各个义项之间的关系。例如《辞海》对"母"这一条目的分析列出了7个义项。这7个义项之间的关系如何呢？请看：

	人	女性	有生育能力	哺育	有子女	成年人	长辈	年老的	受雇拥的	能产生卵细胞	有繁殖能力	生物	有孳生能力	本始的	事物
①指母亲	+	+	+	+	+	+	+								
②泛指女性长辈	+	+				+	+								
③老妇的通称	+	+				+		+							
④乳母	+	+		+		+			+						
⑤雌性的										+	+	+			
⑥根源													+	+	+
⑦泛指能有所孳生的事物													+		+

通过对 7 个义项的各个义素组成的比较,第 1 个义项是本义,其他 6 个义项都是引申义。这些多义词的义项在发展变化过程中,各义项的义素出现相同、相应、扬弃、新增等纵横交错的复杂关系。

利用义素分析法的矩阵模式,可以把语义分析展示得极为精细和清晰。请看:

	洋	海	湖	河	溪
面积大	+	+	−	0	0
陆地内	−	−	+	+	+
曲带状	−	−	−	+	+
带状宽窄	0	0	0	+	+
流动	+	+	−	+	+
含盐度	+	+	0		

其中定性定量标记中的"0"表示"未加规定"。

义素分析法应用于反义词组的研究,可以通过类义素和主义素的分析来确定反义词,例如:

快乐:+[人类]+[情感]+[幸福或满意]
痛苦:+[人类]+[情感]-[幸福或满意]
伟大:+[人类或事物]+[评价]+[高]
渺小:+[人类或事物]+[评价]-[高]

以上两组反义词组,最后一个义素是主义素,前面的是类义素。由此可见,反义词组的语义构成是有条件的,只有在共同语义范畴的母体内,才有可能显示出其相反的本质。在对反义词组进行分析时,不能只强调其"反"的一面,而忽视了其"同"的一面。实质上,"同"是"反"的前提和基础,没有"同"就无所谓"反"。

(三)义素分析法的得与失

义素分析法使语义研究深入到义位内部,简洁明了地显示出词语的语义特征,有利于语义描写的形式化。义素分析法克服了词义构成分析存在的描写笼统、不够严密的缺点,使某一个词义与相关的词义之间的区别性特征明晰地体现出来,从而使词义分析在精细化和科学性方面向前迈出了一大步。例如关于词义的搭配组合,以往的研究只是局限在逻辑归类和搭配习惯上的分析,总是隔靴搔痒,难以从根本上把问题的实质症结说清楚。例如"暗杀老鼠"(并非童话故事),我们只是觉得这个组合不能成立,因为动宾搭配不当。引进义素分析之后,我们顺理成章地发现:"暗杀"这个动词,要求它所带的宾语必须具有"人"这个义素;而"老鼠"不具备这个义素,所以不能组合。

不过,义素分析法只适合一小部分内涵与外延相对清晰的名词、动词和形容词,并不适用于所有的词义。尤其对于意义比较抽象的词语(如古代诗学对风格的评价"神韵""沉雄""瘦硬""醍醐灌顶""羚羊挂角"等)就无法应用了。另外,义素分析法在确定具体的义素上,往往因人而异,难以避免主观性。例如"单身汉"有人列出多个义素:[人]+[成年]+[男性]+[未结过婚]等;其中[未结过婚]这个义素,有人主张将其删掉,有人却坚持非有这个义素不可。可见,义素的确定有某种随意性。

三、义　位

关于"义位"有大中小三种概念:1. 指一个词的所有义项;2. 指一个词的一个义项;3. 指一个义项的语义成分。我们认为:义位就指一个义项。一个单义词只有一个义位,多义词有多个义位。一个不能单独成词的语素的意义(即不自由的语素义),在字典或词典里算是一个义项,但它不能称为义位。例如在《现代汉语词典》里,"家"列出了12个义项,其中起码有一半不是义位:

	属于义位的	不属于义位的
义项	①家庭;人家:他~有五口人。	④经营某种行业的人家或具有某种身份的人:农~/渔~/船~/东~/行~。
	②家庭的住所:我的~在上海。	⑤掌握某种专门学识或从事某种专门活动的人:专~/画~/政治~/科学~/艺术~/社会活动~。
	③借指部队或机关中某个成员工作的处所:我找到营部,营长不在~。	⑥学术流派:儒~/法~/百~争鸣/一~之言。
	⑦指相对各方中的一方:两~下成和棋。	⑧谦辞,用于对别人称自己的辈分或年纪大的亲属:~父/~兄。
	⑪量词,用来计算家庭或企业:一~人家/两~饭馆/三~商店。	⑨饲养的(跟'野'相对):~畜/~禽/~兔/~鸽。
	⑫姓	⑩〔方〕饲养后驯服:这只小鸟已经养~了,放了它也不会飞走。

还有"家"的后缀义(如女人~/孩子~/姑娘~/秋生~/老三~),也是义项,但不是义位。因为这些义项的意义,只属于不自由的语素义,不能单独成词,所以不具备成为义位的条件。

义位是语义系统中最小的自由的单位。义位的自由,是指它可以借助音节,在语句中能够独立运用。例如"家"的"住所"义位,可以独立运用;而它的同义词"居""宅""邸""第"却是非自由的,不能独立运用的,还不能取得义位的资格。

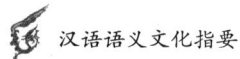汉语语义文化指要

	释义	例词	语体	自由运用	是否义位
家	家庭的住所。	安~/想~/搬~	口语	+	+
居	住的地方。	故~/民~/迁~/蜗~/安~	书面语	−	−
宅	住所；住宅。	~院/~第/私~/深~大院	书面语	−	−
邸	高级官员的住所。	官~/私~/府~/~宅	书面语	−	−
第	封建社会官僚的住宅。	府~/宅~/门~	书面语	−	−

第五章　语义构成

所谓语义的构成,是指一个语言单位的语义内部所包含的各种意义成分。语言单位的语义常常由各种要素结合在一起形成。以词义为例,一般可以分为理性义、伴随义、色彩义等。

一、词的理性义

词的理性义又称为概念义,是人们对客观事物、现象的指称,是理性认识在语言中的反映,它反映出语义的基础内容。一般人所说词义与概念的联系和区别,实际就是指理性义而言。理性义是词义的核心部分,是词义构成众多成分中最重要的成分。我们现在通行的为某个词的词义下的定义,就是对这个词的理性义的概括说明。在词义构成成分中,可以没有伴随义、色彩义之类,但不容许也不可能没有理性义。例如:

构造:各个组成部分的安排、组织和相互关系。
车:陆地上有轮子的交通工具。
鼓噪:古代指出战时擂鼓呐喊,以壮声势。今泛指喧嚷。

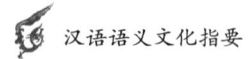

够劲儿:〈口〉担负的分量极重;程度极高。

这四个词的定义分别反映出理性义。理性义是稳定的,轻易不会改变,所以它是封闭的。"鼓噪"有时代色彩,在现代汉语中含有贬义;"够劲儿"有口语色彩。但是,这些色彩都依附在各自的理性义上。因此,理性义是词义的基础或中心。

有些固定语如成语,其理性义(真实的意义)其实和一个词义相当。例如:

名落孙山——落榜　家徒四壁——贫困　汗牛充栋——书多
两袖清风——清廉　明镜高悬——公正　罄竹难书——罪恶多

二、词的伴随义

伴随义指的是附加在理性义上的联想意义。例如"妇女",本是成年女子的通称,但是也有一些附加上去的,不一定是全社会通行的含义,如"头发长的""体力差的""管理家务的""易动感情的""意志脆弱的""爱哭的""富于同情心的""喜欢唠叨的""心胸不够宽的"等等。这些伴随义有指外形特征的,有指心理特征的;有些是普遍的,有些只是局部的或暂时的;有的只是某些人以偏概全的偏见。伴随义是开放性的,不稳定的,可能随着时间的不同而发生变化,甚至不同年龄或不同阶层的人,看法也不同。伴随义在词典中往往没有反映,但是在理解言语和文学作品时却仍然起作用。如"头发长见识短""好男不和女斗""男儿有泪不轻弹"等,这些与性别有关的俗语都是伴随义在起作用,其中不乏片面或刻板的偏见。

伴随义可以随着时间的变化而变化。例如"乌龟"或"龟"在古汉语中的伴随义是长寿,所以有以《龟虽寿》当题的乐府诗,有音乐家"李龟年"这样的人名;但到了近代却伴随上"妻子不贞"的意义,感情色彩发生了显著的变化。再如《三国演义》中曹操为了笼络关羽,赐纱锦囊给他护髯,汉献帝又与众人皆呼披髯过腹的关公为"美髯公"。古汉语把胡须细分为:

髭——《说文》:口上须也。
须——《说文》:颐下毛也。
髯——《说文》:颊须也。

可见,古人很欣赏男子的胡须之美。可是现代汉语只泛称"胡子"。当代中国男子留胡子的是极少数,而从语言心理上看,现代中国人总是把"胡子"跟"萎靡不振""怪异""不拘小节""占山为王的土匪"等伴随义联系起来。

伴随义又被人称为"文化联想义",就是指因文化传统和民俗文化心理引发的联想而产生的伴随语义。比如:

喜鹊→喜讯/ 乌鸦→不吉利/ 猪→肮脏、愚蠢、笨拙/ 桃花→美女/ 狐狸→狡黠、妖媚/ 莲花→洁净/ 清风→廉洁/ 菊花→高洁。

在中国人眼里,"松树"具有坚贞的品格,又与"长生不老"有关;而俄语的"松树"则没有这种伴随的寓意。俄语的"桦树"可以象征"故土"和"祖国",比喻俄罗斯少女的苗条和美丽;可是,对中国人来说,桦树只是普普通通的树,没有其他寓意。在中国人看来,猫头鹰是一种不祥之鸟,可是俄罗斯人对猫头鹰的看法则截然不同,认为它是智慧的象征。中国人最尊崇最喜爱的动物——龙、凤、麒麟,恰恰是生物界从来就没有过的源于想象的产物。中国人对"龙"的尊崇到了无以复加的程度,将它看作华夏祖先的图腾,是吉祥、威武、神圣、飘逸的象征。可是西方人所说的龙(dragon),是一种长着翅膀会喷火的妖魔,他们把东方的"龙"也附会成 dragon 一类的东西。于是,中国的"龙舟"被译成 dragon boat 后,曾被误会成凶神恶煞的怪船;"龙的传人"译成 descendants of the dragon 后,则一度被别有用心之人歪曲成"中国人是魔鬼的后代"。

三、词的色彩义

色彩义是在理性义的基础上,反映着人们对世界认识的价值观念、立场态度和语言使用上的看法,反映出交际者和交际环境的有关的意义。色彩义的类别较多,可以分为(一)感情色彩、(二)态度色彩、(三)评价色彩、(四)形象色彩、(五)时代色彩、(六)地方色彩、(七)言语社团色彩、(八)语体风格色彩、(九)格调色彩、(十)语气色彩等。下面逐一进行阐释:

(一)感情色彩

有些词语在理性义之外,还带有一定的感情成分,那就是感情色彩。例如:

词	崇敬/崇仰	祖国/妈妈	恩德无量	毛骨悚然	悼念/哭灵	生离死别	拂袖而去	无耻之极	大快人心	鞠躬尽瘁	英年早逝
感情色彩	敬爱	亲切	感激	恐惧	悲哀	痛苦	气恼	憎恶	舒畅	敬慕	惋惜

以感情活动为抽象反映的对象的词语意义，不一定带有感情色彩，例如"爱情""母爱""慈祥""痛苦""欢娱""厌恶"等就谈不上有感情色彩。一个词语能否带感情色彩，取决于这个词语能否显示说话人对词语所指对象的感情。

汉语词语的某些后缀如"儿""子""鬼"等构成的词语带有明显的感情色彩，如：

孩儿　鸟儿　凤儿　花儿——亲切
桌子　椅子　房子　箱子——中性
婊子　疯子　鬼子　癞子——厌恶
色鬼　酒鬼　烟鬼　小气鬼　吝啬鬼——厌恶

词语的感情色彩一般是不会变化的，但因固定语一般都是从古汉语传承下来的，因而其中一部分固定语的感情色彩发生了变化，例如：

由褒义变为贬义的——清规戒律、明哲保身、一团和气、道貌岸然、闭门造车、寿终正寝、正人君子。
由中性变为贬义的——钩心斗角、难兄难弟、莫名其妙、不求甚解。

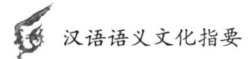

(二)态度色彩

态度色彩出现在言语话语中,能够显示出交际者对事物的态度。态度包括是否礼貌、客气,是否分寸适宜等。因此在交际中态度色彩也是很为敏感的因素。例如:

态度	客气态度	敬重态度	郑重态度	严肃态度	随便态度	鄙薄态度	强硬态度	委婉态度	谦逊态度
词语	拜托 打扰	诞辰 拜望	通知 宣判	致哀 吊唁	聊聊 遛遛	猪狗 禽兽	拒绝 警告	富态 耳背	寒舍 绵薄

某些态度色彩之间存在着相反的情况,如郑重、严肃和随便相对,敬重和鄙薄相对。对立的两极之间存在着中性的态度色彩。如:

	例词		例词		例词
敬重色彩	老师、园丁、恩师	严肃色彩	会谈、谈判、	郑重色彩	进餐、用膳
中性色彩	教师、教员	中性色彩	交谈、座谈	中性色彩	吃饭
鄙夷色彩	教书匠、孩子王	随便色彩	聊聊、闲谈	随便色彩	垫巴垫巴

(三)评价色彩

很多词语,总带有人们对它的所指对象的评价,或是肯定,或是否定,因而相应地带有好感的褒的意向;或带有恶感的贬的意向。这些不同的意向都附着在词语的理性义上。评价色彩除了分为"好感的"和"恶感的"两大类之外,也有处于中间状态的类别。例如:

	例词
具有好感的评价色彩——褒义	慈祥、谦虚、孝顺、忠贞、诚恳、勤奋、贤惠、宽厚、聪颖、大公无私、兢兢业业、雷厉风行、光明正大、胸襟开阔、宽宏大量等。
具有恶感的评价色彩——贬义	丑陋、恶劣、小气、吝啬、猥琐、虚伪、阴险、狡诈、诡秘、腐败、独夫、民贼、贪赃枉法、鱼肉百姓、口蜜腹剑、小肚鸡肠等。

古汉语的同义词"伐—攻—侵",现代汉语的同义词"红娘—媒人—媒婆"就分别体现出三种不同的评价色彩。

再如"颠覆—推翻"这两个词在词义的相同之处是:通过某种方式搞垮某个政权;相异之处是:①所用方式不同,前者用阴谋手段,后者用公开的武力手段;②评价色彩不同,前者是贬义色彩,后者是中性色彩。

"老婆儿—老婆子"都指年老妇女,但评价色彩有区别,前者是中性色彩;后者带有厌恶的贬损意味。

评价色彩对多义词来讲,它只能融合在词的某个义项中进行分析,例如:

水性　①游水的技能:他的~很好。(评价色彩:中性)
　　　②指江河湖海的深浅、流速等方面的特点:熟悉长江~。(评价色彩:中性)
　　　③指妇女作风轻浮:~杨花。(评价色彩:贬义)
风流　①有功绩而有文采的:数~人物,还看今朝。(评价色彩:褒义)
　　　②有才学而不拘礼法的:~才子。(评价色彩:褒义)
　　　③指跟男女间放荡行为有关的:~韵事。(评价色彩:贬义)

评价色彩多数是在某个词造词之初就形成了,可以说某词语的形象色彩是和该词语同时产生的,例如"就义"(为正义而死)、"殉职"(为公务而牺牲生命)、"殉国"(为国家的利益而牺牲生命)、"殉难"(为国家或正义事业遇难而牺牲生命)、"成仁"(为正义或崇高理想而牺牲生命)的褒义评价色彩是与生俱来的。也有一部分词语的评价色彩,是随着词语意义的发展演变而产生的。如"幌子"本义是"商店门外表明所卖商品的标志",评价色彩是中性的。后产生了另一个义项"比喻进行某种活动时所假借的名义",这就体现出贬义的评价色彩了。

(四)形象色彩

形象色彩就是词语所指的事物对象能在人的意识中引起的形象感。现代汉语的词语,可以根据其所表示的客观对象的性质,分为具象性词语和抽象性词语这两大类。所谓具象词语就是:标志着有形、有声、有色的具体实物的词语。所谓抽象词语就是:标志着无形、无声、无色的,不具备可亲可感的客观对象的词语。比如"猴头""瓜子脸""红旗飘飘"等是具象词语;而"谬论""思维""愿望"等是抽象词语。形象色彩就蕴含于具象词语之中,但并不意味着所有的具象词语都具有形象色彩。如"猫头鹰"和"鸱枭"指称同一个客观对象,前者有明显的形象色彩,而后者就没有。再如"下海"和"经商"标记同样的客观行为,前者有形象色彩,后者就没有。

具有形象色彩的词语多数是由构造词语中的形象成分产生的,例如:垂柳、飞天、流萤、闪电、碧空、墨菊、白鹭、黄鹂、翠湖、彩虹、塔松、火鸡、柳腰、鹅卵石、象鼻山、摩天岭、一线天、金字塔、美人鱼、西子湖、凤凰台、望夫石、蝙蝠衫、鸡冠花、金钱豹、水蛇腰、蝴蝶结、山羊胡、蘑菇云、笑面虎、攀枝花等。

(五)时代色彩

词语的时代色彩,指词语所体现出的特殊的时代氛围和时代气息,是社会历史的变化发展在语言词汇中的投影和烙印,是时代风貌在词语身上的体现。譬如:

	词语
封建时代	圣上、娘娘、王爷、太后、千金、内子、令坦、顿首、合卺(成婚)、京畿、圣旨、保驾
民国时期	战区、军座、团副、副官、马弁、姨太太、市党部、保甲长、汉阳造、上峰、精诚团结
抗战时期	坚壁清野、国军、壮丁、劳工、伪军、鬼子、维持会、沦陷区、八路、国统区、杂合面、宪兵队、翻译官
文革时期	红宝书、红卫兵、小将、斗私批修、黑五类、狗崽子、红海洋、批倒斗臭、深挖细找、斗批改、揪斗、活学活用、砸烂狗头、横扫、牛鬼蛇神

尤其是新时期涌现出的带有时代色彩的新词语更是层出不穷[①]:

政治方面的	峰会、特首、理念、构想、纠风、黑洞、邪教、扫黑、减负、分流、黑箱决策、权钱交易、西部开发、数字干部、豆腐渣工程
经济方面的	按揭、反弹、商战、营销、双赢、低迷、疲软、网络银行、电子商务、泡沫经济、假日经济、金融黑幕、关税壁垒、通货紧缩、道·琼斯指数

---

① 详见谭汝为《世纪之交报刊语言的变化趋向》,载《澳门语言学刊》总第16—17期,2000年9月。

环保方面的	赤潮、播绿、植被、沙尘暴、绿视率、口蹄疫、疯牛病、白色污染、视觉污染、阳伞效应、尾气超标、厄尔尼诺现象
文化方面的	受众、创意、新潮、蹦极、蹦迪、泡吧、触网、人气、发烧友、千禧年、知识产权、视觉污染
体育方面的	放水、下课、球探、球市、黑哨、出局、擦边球、乌龙球、梦之队、短平快、小快灵、黑色三分钟
法律方面的	网警、性贿赂、法律规避、非法集资、知识产权、行政复议、法律援助、灰色收入、走私贩私、撞了白撞
科技方面的	蓝牙、克隆、解码、上网、遥感、伟哥、千年虫、多媒体、二噁英、磁悬浮、光纤通信、基因工程、降解塑料、笔记本电脑、信息高速公路
社会生活方面的	速配、速递、健美、猎头公司、世纪宝宝、生态公园、绿色通道、绿色消费、黑色食品、社会保障制度

（六）地方色彩

所谓词语的地方色彩，是指由词所标记的事物、现象的特定地理分布而形成的地方气息、地方情调和地方特点。例如：

词语	地方色彩
马头琴、奶茶、敖包、蒙古包、那达慕大会、乌云其其格	内蒙古
二人转、乌拉草、小鸡炖蘑菇、苞米馇子、北大仓	东北
牦牛、哈达、青稞酒、酥油茶、金珠玛米、喇嘛	西藏
番薯、白斩鸡、早茶、煲汤、宵夜、爆棚、孤寒、老豆、打边炉	广东
龙门阵、龟儿子、抄手、夫妻肺片、毛肚火锅、小娃子、雄起	四川
拌蒜、歇菜、晕菜、挡横儿、回脖儿、遛弯儿、姥姥(表不服气)	北京

还有更多地方色彩十分浓郁的词语,例如"泼水节""花鼓戏""评弹""变脸""黄梅戏""羊肉泡馍""牛肉拉面""七星岩""莼羹鲈脍""龙井虾仁""马奶葡萄""蝴蝶泉""马哈鱼""五指山""茴香豆""羌笛""芦笙""狗不理""佛跳墙"等。

(七)言语社团色彩

不同性别、年龄、职业、阶层、社会地位的人往往有自己特别习用的词语。社会语言由此把同一社会的人分成不同的言语社团。本小节主要谈性别色彩和年龄色彩。

1. 性别色彩

女性常用的词语,即使是批评、指责对方的话也带着"温和"的性别色彩。例如:"傻样儿""你真坏""真烦人""讨厌"等。一些对丈夫的民间"爱称"虽然不够文雅,仅从字面词义上分析,甚至是"杀气腾腾"的,例如"该死的""缺德的""挨刀的""冤家""死鬼"等等;但这样的夫妻,感情还是不错的。

2. 年龄色彩

老年人、中年人、青年人、儿童在使用词语方面有所不同,呈现出不同的年龄色彩。目前,在青年学生中广泛流行"酷语",如"酷毙""哇噻""帅呆"等。另外,还有令人费解却不乏幽默的"别解词语",如"蛋白质"(笨蛋+白痴+神经质)、"精英"(神经的苍蝇)、"偶像"(令人作呕的形象)、"讨厌"(讨人喜欢,百看不厌)、"留学生"(留过级的学生)、"特困生"(特别爱睡觉的学生)等等,使局外人听着别扭,甚至不知所云。在青年学生言语交往中还乐于使用"网语",如"伊妹儿""在线""黑客""网聊""菜鸟""美眉""恐龙""帖子""灌水""造砖""斑竹""瘟酒吧"等等,令人眼花缭乱,不胜枚举。

21世纪是网络时代,林林总总的网络语汇铺天盖地而来。网上交际所使用的已不再是传统意义上的纯正语言,而是经过改造过的一套混杂的符号系统,即"网络语言",简称"网语"。所谓"网语",就是汉语、汉语拼音、阿拉伯数字、符号、英文字母等杂糅的特殊用语。"网语"主要由缩略语、新词新语、数字代码等组成的。青年学生刻意追求"新""酷""另类""诙谐"和"边缘",乐于幽默和调侃,因而网语和酷语的使用,已成为校园文化时尚之一。

我国实行以经济建设为中心、改革开放的政策已经四五十年了,在这近半个世纪,人们的思想得到空前的解放,尤其是青年学生的思想空前活跃。他们要求摆脱束缚,展示个性,表现在言语行为上,就是不愿固守语言的常规,而追求新异、乐于创造。在20世纪的80年代,青年学生中就流行着一些口语新词,如"盖""派""镇""盖帽儿"等。到了90年代中期流行"酷";到了世纪末流行比"酷"还酷的"蔻"。现在,随着计算机的普及,随着联网上网活动的开展,青年学生不拘成规、释放个性的精神能量,自然通过形形色色的网语和酷语表现出来,并在日常用语中有所体现。青年人追求时尚、求异求新,这是网语、酷语得以盛行的心理基础,也是多元多彩社会现实的折射。

(八)语体色彩和风格色彩

这两种表达色彩并不是来自对事物对象的感性反映,而是来自对词语所存在的一定的语言环境的感觉。

语体色彩是在口语和书面语两种语体的对立中产生和存在的。只用于或较多用于口语的词语,体现出口语色彩;而只用于或一般用于书面语的词语则带有书面语色彩。相当多的词语既可以用于口语,也可用于书面语,它们在语体色彩上呈中性,例如:

	口语色彩	书面语色彩	口语和书面语通用
1	装蒜、装孙子	矫饰	装假、伪装、装糊涂
2	逮、抓	生擒、擒、捉拿	捉、活捉、逮捕
3	心窝儿	心坎、心田、心曲	心里、心头
4	翘尾巴	恃才傲物	骄傲、目中无人
5	胡来、胡闹、瞎搞	恣意妄为	胡作非为
6	来劲儿	振奋	有劲头
7	耍嘴皮子	摇唇鼓舌	能说会道
8	真哏儿、真逗	诙谐	幽默
9	闹水、发大水	水患	水灾
10	罗嗦	言语繁复	絮叨
11	秃噜	脱口失言	走嘴
12	没挑儿	无可指摘	无懈可击
13	没戏	无望	毫无指望
14	许、许下	允诺、承诺、许诺、应诺	答应、允许
15	抽筋儿	痉挛	—
16	要饭的,叫花子	乞讨者	乞丐
17	拉倒	作罢	算了
18	抠门儿	悭吝	吝啬
19	—	汗颜、羞愧、惭怍、愧疚	惭愧
20	没跑儿	无疑、必定如此	板上钉钉

词语的风格色彩是某个词语经常出现在特定的言语风格中形成的,例如"狷介"(性情正直,不肯同流合污)、"矍铄"(形容老年人很有精神的样子)、"睽隔"(离别,分离)、"喧阗"(喧闹)、"阴鸷"(阴险凶狠)、"付梓"(书稿刊印)、"杀青"(写定著作)、"饕餮"(比喻凶恶贪婪的人)、"勃谿"(家庭中争吵)、"异爨"(亲属分家)、"氍毹"(舞台)等词语,

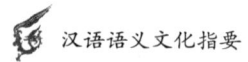

明显带有文言风格色彩。

词语的风格色彩,大致可分以下几类:

	词语
文艺风格色彩	韶华、芳菲、高歌、眉黛、情怀、残阳、霄汉、柔曼、婵娟、璀璨、涟漪
科学风格色彩	低频、功率、氯化钠、蓝牙、磁悬浮、内存、高温作业、拼音方案、季风
文牍风格色彩	兹、为荷、颁发、此布、鉴于、批复、切切、周知、据查、追究、照办
政论风格色彩	可以理解、即如所言、有失偏颇、不言而喻、尽人皆知、家喻户晓
会话风格色彩	老兄、家父、抱歉、景仰、谢谢、留步、打扰、对不起、再见、保重
俗谈风格色彩	哥们儿、娘们儿、拉倒、真逗、瞎掰、窝囊、碰一鼻子灰、吹胡子瞪眼

(九)格调色彩

格调色彩是词语的使用格调在人们的意识里引起的感觉。格调色彩包含典雅的和粗俗的两种对立的色彩。前者所指不俗,多来自典籍,给人以文雅端庄的感觉。后者所指皆为俗事俗物,来自大众口语,给人以粗俗的感觉。例如:

	词语
典雅格调色彩	遨游、笑靥、欣逢、华诞、祥和、馨香、夕阳、慰藉、指日可待、德隆望尊、鸿篇巨制、春和景明、万象更新、金风送爽、才高八斗、学富五车、居功至伟
粗俗格调色彩	扯淡、伙计、混球、老子、老娘、白唬蛋、狗日的、脚丫子、小兔崽子、吃饱了撑的、王八吃秤砣——铁了心了、老太太吃面汤——无耻下流

有时,大致相同的意义既可用成语表达,也可用俗语来表达,二者雅俗共赏,形成鲜明对照:

舍本逐末——捡了芝麻,丢了西瓜
畏首畏尾——前怕狼后怕虎
自吹自擂——王婆卖瓜,自卖自夸
捉襟见肘——拆东墙补西墙
鹤立鸡群——羊群里出骆驼
开诚布公——打开天窗说亮话
横生枝节——半路杀出个程咬金
鱼目混珠——挂羊头卖狗肉
众矢之的——过街老鼠,人人喊打
吹毛求疵——鸡蛋里挑骨头
巧舌如簧——说的比唱的好听
木已成舟——生米煮成熟饭
分道扬镳——你走你的阳关道,我走我的独木桥

从民间口语中提炼出的俗语,形象生动,通俗易懂,表意功能并不亚于典雅的成语。

从以上实例可以看出,具有典雅格调的词语一般多用于书面语,兼有书面语色彩。但是,具有书面语色彩的词语,不一定都具有典雅格调的色彩。

(十)语气色彩

有一些词语不论谁使用它,也不论用于什么样的上下文中,总

能表现出说话人对词语所指对象的某种语气。这种词语就带有语气色彩。应指出:这是词语意义中属于词汇的语气,而不同于句法中句子的语气。词语自身蕴含的语气色彩是由词语意义的轻重缓急决定的,包括强调的语气、坚决的语气、缓和的语气、威逼的语气等等。

	词语
具有强调语气色彩	无知、出格、过分、立即、马上、迅速、尽心竭力、夙兴夜寐、中流砥柱、力挽狂澜、比比皆是、有口皆碑、路人皆知、情真意切、仁至义尽、恩断义绝
具有坚决语气色彩	决计、抵制、毅然决然、誓不两立、不共戴天、一刀两断、义无反顾、万死不辞、宁死不屈、杀身成仁、赴汤蹈火、鱼死网破、舍生取义、至死不渝
具有缓和语气色彩	宽容、宽恕、冰释、设身处地、将心比心、心平气和、一了百了、以德报怨、求同存异、宽以待人、水至清则无鱼、人非圣贤,孰能无过、干戈玉帛
具有威逼语气色彩	严禁、勒令、警告、禁止、制止、停止、威逼、告诫、威慑、严正、训斥、当头棒喝、悬崖勒马、严惩不贷、天网恢恢,疏而不漏、何去何从

第六章　内部形式与理据

一、词语的内部形式

词语的"内部形式"是西方近代语义学的一个术语,最先由19世纪德国语言学家洪保特(1767—1835)提出。在国内现代语言学界某些人,把词的内部形式理解为构词形式,这种观点显然不对。因为构词形式是外在的,它着眼于词的结构形式,它和语音形式组成了词的外部形式。而词的内部形式则纯为语义现象,它是词义的表现形式,是用词表达概念的方式。说得更浅显一点,词的内部形式就是——在一个词义最初形成时,反映事物对象的特点所采取的形式。它接受词形的制约,也借助词形来加以定型。

词语的意义是客观事物在人脑中的抽象概括的反映,其中客观事物的一些显著的特征应在这种反映中体现出来。这些特征被构造词语的材料及其组合方式固定下来,就成了词语借以展示其意义的形式——这就是词语的内部形式。例如:

词义		外部形式		内部形式
		语音形式	结构形式	
黑板	主要用于教学的,在上面用粉笔写字的大块黑色平板。	Hēi bǎn	(形+名)偏正结构	黑色的平板
口红	用来涂在嘴唇(口)上使颜色红润的化妆品。	Kǒu hóng	(名+形)偏正结构	使嘴唇(口)红润(的化妆品)
木耳	生长在腐朽的木头上,状如人耳,黑褐色的,可供食用的一种菌。	Mù ěr	(名+名)偏正结构	木头上(长的)耳朵形的一种(菌)

在此应强调指出,只有语言的合成符号(如合成词)才存在着内部形式,而单纯符号(如单纯词)则谈不到什么内部形式。利用词的内部形式,可以使人直观而准确地理解和分析词义,因而,科学地分析词语的内部形式,是一项很有实用价值的研究工作。

二、词语内部形式分类研究

分析一个词语的内部形式,可以从两个不同的角度,确定划分准则,进行分类研究。

(一)实质的内部形式和表征的内部形式

依据对象的特点,词语的内部形式可以分为实质的和表征的两大类。

1. 实质的内部形式,采用分析概括的方式反映事物对象的本质特点。

实质的内部形式跟词语意义相同或相近,往往通过分析词语的字面意义就可以直接理解到词语的全部意义或者部分含义。例如"晨光"就是"早晨的太阳光","低估"就是"过低估计","房基"就是"房屋的地基","割除"就是"割掉、除去","风纪"就是"作风和纪律","溃灭"就是"崩溃灭亡","乱世"就是"混乱的年代","器材"就是"器具和材料","守卫"就是"防守保卫","骄奢淫逸"就是"骄横、奢侈、荒淫、放荡"等。类似的词语还有:

暗示、愁容、哀鸣、曲解、痛哭、官腔、丑态、种植、阐明、明快、联防、逮捕、寻觅、茫茫、被褥、耐久、粮食、木偶、持久战、常备军、策源地、大理石、羊角葱、虚无缥缈、义不容辞、约定俗成、再接再厉

这类纯由对象实质的反映所构成的内部形式,数量多,构造明显,抽象平直,和词义一致。有些实质的内部形式,只反映出词语所表示的事物对象某些本质特征,却不能反映其全部特征,所以说这部分内部形式只展现出词语意义的部分内容。比如"粮草"的内部形式只反映"粮食和草料",却舍去了"军用的";"父老"的内部形式只反映"父辈的和年老的",却舍去了"一国之中或乡中的";"出挑"的内部形式只反映"发育、变化、成长",却舍去了"青年人的体格、相貌、智能向美好的方面";"缝穷"的内部形式只反映"因贫穷而代人缝补(衣服)",却舍去了"旧时的妇女"等。这些词语的内部形式只表现出词语意义的一部分特征。再如:

词语	内部形式	词语意义(括号内的意义部分,在内部形式中没有展现出来)
南国	南部区域	(中国)南部区域

续表

尿布	接尿的布	(用于婴儿的)(包裹在身体下或铺在床上)接尿(用)的布。
传神	生动逼真	(优美的文学、艺术作品)(描绘的人或物)(给人)生动逼真的印象。
忘乎所以	忘记言行应该把握的分寸	(因过度骄傲或兴奋)(而)忘记(自己)言行应该把握的分寸。
若无其事	好像没有那回事	(对事情漠不关心)好像没有那回事。

由于存在着这部分并潜在的、不能展现出来的意义，致使整个词语的意义不易被准确全面地理解和解释，应提起注意。

2. 表征的内部形式，着重反映事物对象的易于感知的特征以体现或显示词语意义。

例如"壁虎"的内部形式"在墙壁上像老虎一样的"，明显地反映出这种爬行动物可以在墙壁上爬行和扑起捕吞蚊虫时迅猛如虎的形态。"三弦"的内部形式"三根琴弦"，是对这种弹拨弦乐器外部构造特征的描写。"呕心"的内部形式"像呕吐一样把心思全都吐出来"，体现出"费尽心思"的词义。"面面相觑"的内部形式"你看我，我看你"，显示出固定语义"形容大家因恐惧或无可奈何而互相望着，都不说话"。再如：

松花、佛手、搭腰、烧心、对垒、地雷、龙眼、漏网、垮台、砸锅、穿帮、露馅、映山红、白头翁、穿山甲、绊脚石

这类内部形式重在反映对象的某种形态或情状，生动别致，便于人们记住它的特征；但由于它不侧重反映事物的本质，表征的内部形式同词义之间存有一定的差距。例如：

词语	内部形式	词语意义
鹅黄	像小鹅绒毛一样的黄色	淡黄色。
苦口	使嘴辛苦	不辞劳苦,反复恳切地劝说。
寒暄	天气冷暖	见面时谈天气冷暖之类的应酬话。
捕风捉影	捕捉风和影子	比喻说话或做事时用似是而非的迹象做根据。
嗤之以鼻	用鼻子喷气	看不起。

(二)直指的内部形式和喻指的内部形式

根据内部形式反映事物对象特点的角度方面看,有些词语的内部形式和词语的意义极为相近,内部形式直指词义;而有些词语的内部形式却用比喻的手法,婉曲地展示词语的意义。这样就形成了直指的内部形式和喻指的内部形式两个类别。

1. 直指的内部形式

直指的内部形式和词语意义基本相同,平直显豁,一目了然。例如:

陶器=陶制的器皿

衣食=衣服和食物

诱杀=引诱出来杀死

余风=遗留下来的风气

找死=自找死亡

止步=停止脚步

进修=进一步修习

年成=一年的收成

辞别=辞行告别
掠夺=抢掠夺取
穷愁=穷困愁苦
简朴=简单朴实
总而言之=总体来说
身体力行=亲身体验，努力实行

内部形式直指词语意义的，很容易看出词语的构造材料及其组合的意义与词语意义的关联。

2. 喻指的内部形式

词语	内部形式	词语意义
爪牙	爪子和牙齿	坏人的党羽
股肱	股骨和肱骨	左右辅佐得力的人
眉睫	眉毛和睫毛	眼前
红尘	红色的尘土	人世间
兔死狗烹	兔子一死，猎狗就被煮来吃了	事情成功后，把出过大力的人杀掉
泥牛入海	泥巴做的牛进入海中	一去不复返
红男绿女	红色的男人，绿色的女人	穿着各种漂亮服装的青年男女
粥少僧多	粥少和尚多	东西少而人多，不够分配
捉襟见肘	拉一下衣襟就露出胳膊肘儿	困难重重，应付不过来
平步青云	平稳地走在云彩上	一下子达到很高的地位

喻指词语意义的，内部形式和词语意义的差距较大，但对词语意义的展示显得生动有趣，因而更有分析的价值。例如（词语=内部形式→词义）：

眉目=眉毛+眼睛→文章的脉络或事情的头绪。

须眉=胡须+眉毛→男子。

喉舌=喉咙+舌头→为政治集团发表意见的新闻媒体。

耳目=耳朵+眼睛→为人打探消息而告密的人。

头角=头+犄角→显露出的才华。

口舌=口+舌头→解释说明或指因说话而引起的误会或纠纷。

头脑=头+脑子→思维能力或分析判断能力。

嘴脸=嘴+脸→模样或态度(贬义)。

心腹=心+腹部→某人的亲信,或指严重的、致命的。

肝胆=肝+胆→真心诚意。

心肝=心+肝→十分疼爱的儿孙。

心肠=心+肠子→对待人的感情。

心胸=心田+胸襟→胸怀肚量。

手足=手+脚→兄弟。

手腕=手+腕子→待人处世所用的不正当的方法。

手脚=手+脚→为了实现某种企图而暗中采取的不正当的行动。

身手=身体+手→能力、本领。

骨肉=骨+肉→有血缘关系的人。

对于内部形式喻指词语意义的,在解释词语意义时,首先应说明内部形式,并在对词语意义的解说中,指出内部形式与词语主要理性意义之间的关系。例如:

词语	内部形式	词语的意义	
		内部形式与理性意义之间的关系	主要理性意义
落脚	停下脚步	实指	临时停留或短时间居住。
福星	带来幸福的星星	喻指	能够给人带来幸福、希望的人或事物。
扼腕	用一只手握住自己另一只手的手腕	形容	振奋或惋惜的情绪。
锦上添花	在彩锦上增添花朵	比喻	使美好的事物更加美好。
小肚鸡肠	狭小的肚子，鸡的肠子	比喻	气量狭小，只计较小事，不顾大局。
困兽犹斗	被围困的野兽仍然要奋力挣扎	比喻	陷于绝境的人（多指坏人）虽走投无路，还要顽强抵抗。

人们面对一个陌生的词语，怎么理解它的意义呢？首先要分析它的字面意思，然后透过这层字面意思去把握这个词语的真实含义。实际上，字面意思就是词语的内部形式，而真实含义就是词语的主要理性意义。从字面意思到真实含义采用的表现方式，就是内部形式与主要理性意义的关系。

有一部分词语，其内部形式已经悄然脱落，我们只能掌握它们的词义，却无法分析其内部形式了。例如：

A. 联绵词——陆离、踌躇、旮旯、婵媛、琉璃、伶俐、徘徊
B. 方言词——嘎巴、拌蒜、起腻、唠嗑、倒饬、开涮、格色
C. 专有词——知母、狗毒、石南、女青、豆娘、天牛

第六章 内部形式与理据

还有一部分词语的内部形式和主要理性意义,只有少数修养较高的文化人才能真正了解和使用,例如:

折桂、问鼎、捉刀、桑梓、染指、掣肘、滥觞、涂鸦、泰斗、刀笔、请缨、杜撰、结草、割席、夺席、鱼雁、萤雪、解颐、异爨

再如:成语"拈花惹草"的内部形式是"拈惹花草",理性意义是"指男子乱搞男女关系或狎妓"。这类词语的内部形式和理性意义之间,虽然用比喻拐了一个弯,但并不难理解。如果词语中隐含着不为多数人所熟知的典故,仅从字面上理解,往往会闹笑话了。譬如"拈花微笑",《中国成语大词典》解释:"拈:用手指拿。拿着花在微笑着……引申为会心或默契之意。"把"拈花"和"微笑"集于一身,犯了望文生义的错误。其实,"拈花微笑"是佛教语,是佛教的一个著名的典故。就是《五灯会元》卷一所记的"世尊拈花,迦叶微笑"。说的是两个人的动作与神态。《大梵天王问佛决疑经》载:"尔时世尊即拈奉献金色婆罗(华)花,瞬目扬眉,示诸大众。(大众)默然毋措。有迦叶破颜微笑。""拈花微笑"的内部形式应是"(释迦牟尼)拈花,(摩诃迦叶)微笑"。原指领悟禅理之后的喜悦神态,是两人之间的一种悟道,后比喻为彼此之间的心领神会。而绝不是一个人"拿着花在微笑着"。可见,内部形式搞不清楚,对词语的语义分析就会出现谬误。

三、词语的理据

(一)词语的理据分析

词语的意义可以分为两个层次,一是词的理性意义(概念意义),一是词的词源意义(理据)。理据是一个既与内部形式有密切关系,又有根本不同的术语,它指语言符号发生、发展的最根本动因。理据也是造成合成符号内部形式的原动力。词语的理据和词语的内部形式之间形成因果关系。二者之间既存在着千丝万缕的联系,又有质的差异。

我们在论述内部形式时曾指出:"只有语言的合成符号(如合成词)才存在着内部形式,而单纯符号(如单纯词)则谈不到什么内部形式。"合成符号的理据存在是自不待言的,单纯符号有没有理据呢?回答是肯定的。因为没有任何一个语言符号可能脱离理据而发生和发展。单纯符号虽然没有语素组合的形式特征,但却存在着音义结合的语源学特征。例如原生词"火",其理据就是火炽的摹声;"鸭",其理据就是鸭子鸣叫的摹声。再如派生词"二",由"耳"孳乳产生(耳,二生);"乌"(黑色义),由"乌"(黑色乌鸦义)孳乳产生等等,这都是它们各自的理据所在。

词语理据产生和发展的历史线索被两头牵涉着,一头联系着古代语源,另一头联系着合成符号的内部形式。这个历史线索可以为词语理据研究提供切实的依据。

词语的理性意义处于表层,比较容易掌握;而词语的理据则处于深层,往往鲜为人知。如果某个词语的理据不为普通人所知晓的,那么这个词语的内部形式也就很难推导出来。但是,一旦了解~~了解~~把握了这个词语的真正理据,其内部形式就会明了地呈现出来。例如:

词语	理性意义(概念)	词源意义(理据)	内部形式
公主	君主的女儿。	古代帝王嫁女时让同姓的公侯主婚。	公侯主婚
驸马	皇帝的女婿。	魏晋时,皇帝女婿常任驸马都尉这个官职,掌副车之马,作为皇帝外出时的随从。	驸马都尉
酒窝	说话或发笑时面颊上出现的小圆窝。	小口喝白酒时,面颊上出现的微小的圆窝。	饮酒时面颊出现的小窝
弄瓦	生女孩。	瓦是原始的纺锤,把瓦给幼女玩,就是希望她将来能胜任女工。	玩弄瓦(纺锤)
烧麦	食品,用很薄的烫面皮儿包馅,顶上捏褶儿,然后蒸熟。	食品上部顶端部分有突出的环形褶儿,有似一朵梅花盛开,故名"梢梅"。后讹音为"烧麦""烧卖"。	枝梢上的梅花
打春	立春。	古代立春日,在府县衙门前用红绿鞭抽打用泥土制作的春牛,因此俗称立春为打春。	鞭打春牛
轩轾	比喻高低优劣。	车前高后低叫轩,车前低后高叫轾。	
棒喝	喻指促人醒悟的警告。	佛教禅宗和尚接待来学之人时,常以棒用力一击或大喝一声,以警醒促其领悟。	棒击吆喝

由此可见，词语的词源意义（理据）是词语内部形式生成的动因。从另一个角度分析，有时探究词语理据，首先要揭示其内部形式。它的内部形式被揭示出来，它的理据探讨就如同请来一个入门的向导，或找到一个观察的窗口。例如"打春"的理性意义是"立春"，内部形式是"鞭打春牛"，为什么要在立春之日鞭打春牛呢？这就是它的理据——古代立春日，在府县衙门前用红绿鞭抽打泥制的春牛，是对春耕的动员和对农事顺利的企盼，因此俗称立春为打春。

（二）显性理据和隐性理据

理据可以分为显性理据和隐性理据两个类别。

1. 显性理据

所谓显性理据是指有的复合词的语素义与理据有着直观的、直接的联系，从语素义可以窥视出词的理据。而且词的理据、内部形式和词义大体相同或相近。例如"电灯""皮革""丝绸""窗帘""草鞋""青苔""白菜""弓箭"等。

2. 隐性理据。与显性理据相反，隐性理据难以从词语的字面上看出来。

请看下列对照表：

显性理据分析		隐性理据分析	
词语	显性理据	词语	隐性理据
布鞋	布的鞋、用布做的鞋。	雨鞋	（不是"雨的鞋"，也不是"用雨做的鞋"；而是）"下雨天穿的鞋"。
寒流	寒冷的洋流。	寒衣	（不是"寒冷的衣服"，而是）"御寒的衣服"。
胸围	胸的围度。	胸像	（不是"胸的相片"，而是）"包括胸部的头像"。
牛刀	宰牛的刀。	马刀	（不是"宰马的刀"，而是）"骑马冲锋时用的战刀"。
油布	涂油的布。	油裙	（不是"涂油的裙"，而是）"防油的裙"。

揭示这类理据往往需要填补空白，绕一个大弯子，甚至得讲述一个故事。例如：

（1）"鹦鹉洲"——相传东汉末年江夏太守黄祖长子射在此洲宴会宾客，有人献鹦鹉，祢衡作赋，故名。

（2）"耻辱石"——1928 年发现这种黑色矿石，当时化学家们因未能分析其所含全部元素，深以为耻，故名。

在这里我们再举两个外来词的例子：

（3）英语 bikini（比基尼）——原指太平洋上的一个小岛，今常指"三点式"泳装。原来，几十年前美国曾在比基尼岛上开始试验原子弹爆炸，震惊了全世界。因此，比基尼岛成了举世瞩目的地方。时隔不久，法国巴黎时装设计师推出一款用料极少的泳装，只能遮住女性身体的三个点。这种近乎裸体的泳装使得巴黎模特望而却步，但有一位舞女自告奋勇,大胆着装让记者拍照。这种泳装问世令世人震惊,令舆论哗然。其震动程度不亚于比基尼岛上的原子弹爆炸,故名之为"比基尼"或"比基尼泳装"。

(4)英语 marathon(马拉松)——公元前4世纪,波斯帝国军队在亚狭迦河东岸的马拉松平原登陆,直逼希腊首都雅典。希腊军队以少胜多,一举摧毁了侵略军。传令兵菲迪皮德斯奉命从马拉松镇徒步跑往雅典向国王报捷。他一口气跑了40多千米,来到雅典城的中央广场便高呼:"高兴吧——我们胜利啦!"喊声未落便倒地身亡。为了纪念这位爱国士兵,在1896年雅典举行的首届奥林匹克运动会上,东道主希腊把长跑比赛安排在当年菲迪皮德斯跑过的路线上,全程42千米又195米,并将该赛事命名为"马拉松"。

四、流俗词源

(一)流俗词源的产生

在组成词语的各种要素中,语义这个要素是最为活跃的。在词语产生和发展的过程中,语义所发挥的作用也是至关重要的。如果词语的语义产生了变异,就可能形成流俗词源。所谓流俗词源,就是有些在民间口耳相传的词语,人们在搞不清它的真正意义时,往往就按照自己的理解去分析解说,这样就产生了流俗词源。索绪尔在《普通语言学教程》设专章讨论流俗词源。他认为,"流俗词源"就是"把难以索解的词同某种熟悉的东西加以联系,借以作出近似的解释尝试"。高名凯、石安石在《语言学概论》中指出:"人们根据语音的相似,既不考虑语音的历史发展,也不考虑词义的演变过程,而去牵强附会地推测词源,就形成了所谓俗词源。例如'西王母'本来是一个国家的名称,但是人们顾名思义,认为它是一个女神,并且为她编了很多神话故事。俗词源对语言的发展有一定的影响,对词的原来意义的误解,常常导致改变词的语音形式。"

随着社会的发展和历史的推移,许多词语的内部形式所依赖的社会因素已经变得鲜为人知。譬如有一道著名的川菜名叫"宫保鸡丁",用鸡脯切丁为主料,配以花生、辣椒炒制而成。因清代四川总督丁宝桢而得名。丁宝桢曾受封为太子太保,太子为东宫,因此人们尊称丁宝桢为"丁宫保"。丁府在宴请宾客时常上"炒鸡丁"这道菜,鲜香细嫩,辣中兼有甜酸味,深受宾客赞誉,传名为"宫保鸡丁"。现在的饭店菜谱上写的、人们口头上说的,多把这道菜叫做"宫爆鸡丁"。因为一般人认为:这是宫廷菜,又是经爆炒而成的。再如四川丰都县(今属重庆市)城东北隅有一座平都山,相传汉代阴长生、王方平两人曾先后在这里修道成仙,白日飞升。后当地人修建"阴王庙"奉祀这两位仙人。所谓"阴王"者,阴长生、王方平之合称也,就和"李杜""元白""韩柳"等两人合称相同;但民俗习惯使人乐于按照自己的理解并发挥想象去诠释事物的名称。老百姓就把"阴王"误解并讹传为"阴间之王",即"冥王""阎王"。这座"阴王庙"便成了"阎罗天子祠",丰都也就成了"阴曹地府"。误会加附会,于是,关于"丰都鬼城"的民俗传说就接连产生,并形成系列了。江苏某地有一座羽林将军庙,民间搞不懂什么"羽林""御林"之类,老百姓顺口把它说成"雨淋庙",于是这座庙就不盖房顶,任凭雨水淋浸这座神像。山西有地名"丹朱岭",传说丹朱是远古帝王尧的儿子,曾受封于此地。当地百姓在丹朱岭为"丹朱"祀神设庙,"凿一猪形,以丹涂之",就是塑造一头抹上红色的猪,摆设在神案上供人奉祀。民间把伍员(即"伍子胥")和杜甫(即"杜拾遗")合建一庙供奉——伍子胥塑像的脸上长着五髭须,最令人发笑的是诗人杜甫的塑像,因其官名"拾遗"被民俗讹变为"杜十姨",而被塑绘成女像——大唐诗圣杜甫莫名其妙地成了春秋时吴国大夫伍子胥的侍妾。这类令人啼笑皆非的"因声起意"式的谬诠误释,实在多不可数。

说得更通俗点,流俗词源就是给那些来历不清、身份不明的词语,编造一个可以自圆其说的来历和出身。例如"赵老送灯台,一去不回来"这条俗语,从宋代起就在民间广为流传。欧阳修《归田录》(卷二)载:"俚谚云:'赵老送灯台,一去也不来。'不知是何等语,虽士大夫亦往往道之。天圣中,有尚书郎赵世长者,常以滑稽自负。其老也,求为西京留台御史。有轻薄子送以诗云:'此回真是送灯台。'世长深恶之,亦以不能酬酢为恨,其后竟卒于留台。"当时,欧阳修没有深入探究这条俗语的语源,所以他坦率地说:"不知是何等语。"如果一个民俗词语的理据不明,那么"因声起意"的各种流俗词源就会不断出现。"赵老送灯台"这条俗语在元杂剧作品里,还被写成"赵杲送灯台"(《黄粱梦》)和"赵杲送曾哀"(《墙头马上》);在四川流行的民俗故事中,又被说成是"赵巧儿送灯台"——传说赵巧儿是鲁班的徒弟,生性懒惰又好耍小聪明,在为师傅给海龙王送灯台的过程中作弊,因而遭到惩罚。很显然,"赵老送灯台"——"赵杲送灯台"——"赵杲送曾哀"——"赵巧儿送灯台",每一个俗语的语形中,都潜伏着一个曲折的民间故事作为语义理据的依托。令人遗憾的是:我们迄今仍没能探索出这条俗语的语义本源。

(二)多重流俗词源

当某个词语在使用和传承过程中,它的内部形式逐渐模糊乃至脱落以后,这个词语的能指就只剩下一个语音空壳。于是,不甘寂寞的民俗人士(即古人所说的"好事者"),就会按照自己的领会和理解,理所当然地给这个语音空壳填充新的内部语义形式;甚至千方百计地杜撰出一个民俗传说,以使词源理据顺理成章。由于各路人士观察角度不同,背景材料有异,所以使得某些词语可能获得几个不同的流俗词源,我们称之为多重流俗词源。如"走后门""吹牛皮""敲竹杠""二百五"等常见的惯用语,都各有两三种甚至四五种流俗词源。

例如天津民俗小吃三绝之一的"狗不理包子"的语源就有多种说法,可谓众说纷纭:

第一种说法——"狗不理"是制作人的绰号。据说旧时天津侯家后运河边,有个绰号"狗不理"的人摆了一个小小的包子摊。他做的包子与众不同,打馅、揉面颇有独到之处,包子味道鲜美,吸引的顾客越来越多,人们将他做的包子称为"狗不理"包子。

第二种说法——因包子铺地址得名。据说过去天津有一个包子铺,所处地方叫沟北里(意思是在沟的北面)。该铺的包子鲜美异常,人称"沟北里"包子。后来它的名声越传越远,人们不知"沟北里"是地名,将其讹为"狗不理"。

第三种说法——因包子味美,狗被吸引以致不理睬主人召唤,故名。陈中绳先生结合"狗不理"的英文翻译说:"从狗对其主人的整体来说,尝到了包子的滋味之后,连主人唤它它也不理了;但从狗对包子的态度着眼,则是离不开包子,主人走了它理也不理——还呆在店里不肯离开。这样看来,当然可译为'Dog won't leave'了。"

第四种说法——"狗不理"为"狗子卖包子,一概不理"的缩略形式。狗不理包子的创始人高贵友,小名叫狗子。在当时包子行业中,他做的包子肥而不腻,鲜香可口,因而生意兴隆,顾客盈门。可他的店小,只有自己一个人,既当掌柜又当伙计。他为了提高工作效率,在摊桌上放几把筷子和一摞碗,谁要买包子就把钱放到碗里,然后他照碗里的钱给包子。由于忙碌,他很少与顾客谈笑,经常是顾客从进门到吃完离去,难得说一句话,于是人们取笑他"狗子卖包子,一概不理"。久而久之简略成"狗不理",并成了他的代称,他做的包子也就成了"狗不理"包子。

至于"狗不理"取义得名的缘由,第四种说法流传最广,且与情理相合。

谈到多重流俗词源,还有一个典型的例证,那就是福建武夷山的取义得名。《史记·封禅书》有汉武帝令人用干鱼祀武夷君的记载;这个"武夷君"究竟是谁呢?历来众说纷纭:第一种说法,武夷君指秦初一位飘然而来的仙人,他在这里开山凿溪种植香茶。第二种说法,彭祖八百岁后隐居在武夷山幔亭峰里,两个儿子随他同住,长子为"武",次子为"夷",武夷山因此得名。第三种说法,汉武帝所祀的武夷君就是古代吴越部族的君长。著名语言学家李如龙先生分析说:"闽越王无诸和东越王摇都是勾践的后裔,秦王废了他们的王位,立为'君长'。'无诸'的'无'音近'武','摇'音近'夷',这两个字的上古音与现今壮族、布依族的有些地方的'自称'音〔pu joi〕十分相近。联系到武夷山的架壑船棺的葬俗一直从江西、广西延伸到四川,而壮语的 na(那)音地名在武夷山地区也有分布,这几个方面的证据,以及'武夷'的名称和传说可能为解开古闽越国之谜,说明它与现今壮侗语诸民族的渊源、流徙关系提供一条极为重要的线索。"[①]李如龙先生这段论述把对汉语地名流俗词源的分析与方言学、民俗学、历史学、民族历史以及少数民族语言等不同学科性质的内容和研究方法

---

① 李如龙《汉语地名学论稿》,上海教育出版社,1998年,第 162 页。

冶于一炉，从而导出了令人耳目一新的推论；颇具说服力和启发性。从一个侧面表明了流俗词源在语言学研究中的重要性。

（三）流俗词源与异形词语

在一个词语产生时，人们往往采用所指事物主要的特有属性，作为词语的内部形式。随着人们对客观世界认识的发展，可能这些特有的属性和词语所指事物之间的关联越来越松弛。人们就有可能根据当时的某种理解，为这个词语更换一个语义形式。例如"汗毛"本作"寒毛"。《晋书·夏统传》："闻君子之言，不觉寒毛尽戴。"清翟灏《通俗编》引《依雅》云："人身三万八千毛孔，遇寒落而复生，故曰寒毛。"对于寒毛的落与生，人们并不大熟悉，而对汗水从皮肤毛孔里渗出，反倒熟悉多了。因此，"寒"便被"汗"取代。再如曲艺品类"梨花大鼓"，本为"犁铧大鼓"，就是山东大鼓，起源于山东农村。最初的伴奏乐器除了书鼓之外，还用两块农具犁铧的碎片（俗称"犁铧板儿"）拍击。后改为用两枚铜片（俗称"梨花板儿"）加三弦、四胡伴奏。因此"犁铧大鼓"变成了"梨花大鼓"。类似的词形变异，还有变"压宝"（旧时赌博种类）为"押宝"，变"惊闺"（磨刀匠作招徕用的铁制响器）为"金贵"，变"器量"为"气量"，变"噩梦"为"恶梦"，变"企待"为"期待"，变"朕兆"为"征兆"，变"绯红"为"飞红"，变"百晬"为"百岁"，变"温居"为"稳居"等等。就是用人们熟悉的语素，去更替同音或音近的较为冷僻的语素。这些改变了某个语素的新词语逐渐使用开去，多数取代了原本的词语，少数的与原本的词语并行使用，就形成了异形词语。

对于某些词语的语源搞不懂，或者觉得古代传下来的说法"不带劲儿"，于是，人们就"因声起意"——采用和词语同音（或音近的）

而又熟悉的另一个词语的意义去理解。这也是汉语异形词语数量庞大的原因之一。尤其是用于口语的词语,异形词语特别多,例如:

(1)显摆——显白——显陪——显配——显派——显排
(2)无赖油——无赖尤——无赖游——无来由——无来悠——无里悠——巫来由
(3)云山雾罩——云山雾沼——云苫雾罩——云山雾障——云苫雾障
(4)五脊六兽——五脊子六兽——五饥六瘦——五饥六受
(5)有眼不识金香玉——有眼不识金镶玉——有眼不识荆山玉
等等。

总之,流俗词源是民俗事象在语言发展过程中的照映,也是民俗文化在民族语言中的典型体现,是一个充满活力的研究课题,很值得深入研究。

第七章 语义聚合

一、同义聚合体

（一）词的同义聚合体——同义词

1. 同义词的界定

关于同义词的性质和界定，在语言学界是众说纷纭的。最有代表性的是：

（1）"概念同一"说。张永言先生认为："同义词就是语音不同、具有一个或几个类似意义的词，这些意义表现同一概念，但在补充意义、风格特征、感情色彩以及用法（包括跟其他词的搭配关系）上则可能有所不同。"（《词汇学简论》1982）

（2）"指称相同"或"对象相同"说。刘叔新先生说："确定不同的词语互有同义关系，依据的是它们指同样的事物对象。也就是说，不同的词语，只要各自的意义（当然是一个意义）所反映的对象的外延一致，就互为同义词语。""它们在意义上通常互有细微差异。"（《汉语描写词汇学》1990）

（3）"互相替换"说。王理嘉、侯学超在《怎样确定同义词》一文中说:"从词的功能来看,同义词就是两个或几个在使用范围上有相通地方的词。……所谓使用范围的互通,反映在言语中就是两个词可以互相替换。两个词如果在同一个上下文中可以互相替换而不改变句子的基本意义,那么它们就有意义上的共同性,就是同义词。换句话说,同义词之间都有一定的可替换性。"(载《词汇学论文汇编》1989)

这三种代表性的说法,对意义、风格完全相等的等义词是适用的,因为等义词的概念相同,对象相同,也可以在相同的语境中互相替换。但在解释等义词之外的大多数同义词时就会遇到一些麻烦。张永言先生把"拉、拽、拖、扯"或者"看、望、瞧、瞟、瞅、盯、瞪"分别看成同义词时,这"概念相同"实际指的是上位概念相同。这样会使同义词的范围过于宽泛。赞同"指称对象相同"说的武占坤、王勤先生因"启明星""玄星""参星""太白星""长庚星"都是指的"金星"而看作等义词(《现代汉语词汇概要》1983)。其实,指称对象相同并不一定完全是同义词,例如"晨星""昏星"也指金星,"朝阳""夕阳"同指太阳,难道可以看作同义词吗?另外一些抽象名词、许多动词、形容词所指对象是否相同是很难判断的。替换说可操作性最强,是辨析同义词的主要方法,但在实际操作中困难不小。事实是:在任何语境中都可以相互替换的只占同义词中的极少数,绝大多数只能在部分语境中可以替换,在其他语境中不能替换。究竟可替换程度达到多少才能归入同义词的范围,没有切实的标准衡量。另外,只在少数语境中根据个人言语经验进行同义词替换的解释,并不科学。例如王理嘉、侯学超认为"改良""改善"不能在任何语境中出现,武占坤、王勤则把"坚决、彻底、干净、全部"看作近义词。前者失之于过严,后者失之于过宽,显然都有所失。

同义词可以分为四种类别:

类别	实例	分析
1. 词义完全相等，可以任意替换	讲演—演讲，离别—别离，水泥—洋灰，玉米—苞米—苞谷，维生素—维他命，自行车—单车—脚踏车	数量最少，在同义词中地位不重要，往往是规范的对象。
2. 词义相同、色彩不同，替换可能性很大	心情—心绪，吓唬—恐吓，保护—庇护，父亲—爸爸，生日—寿辰—诞辰，来源—起源—滥觞	数量不多，比较容易分辨。
3. 词义近似，在部分语境中可以替换	公布—发表，突然—忽然，关心—关怀，赞成—同意，请求—恳求，成绩—成就，失望—绝望，损坏—毁坏—破坏，支配—操纵—摆布—摆弄	数量很多，在同义词中地位重要，情况复杂，是研究的重点。
4. 词义近似，一般情况下不能互换	技巧—伎俩，履行—执行，胖—肥	与替换说不合，处在同义词的边缘。

2. 同义词的辨析

同义词的辨析是同义词研究的中心，例如《现代汉语词典》解释"正直"和"耿直"：

【正直】公正坦率：他襟怀坦白，为人正直。

【耿直】(性格)正直；直爽：他是个耿直人，一向知无不言，言无不尽。

这种解释作为语文词典来说是恰当的、足够的，也包含了辨析的因素；但如果是同义词词典，这种辨析是远远不够的。同义词词典在指出某组各词在词义上的相同相近之处之后，更要进一步指出其差别。还拿这一组同义词来分析：

正直—耿直：①"正直"和"耿直"都是形容词。②都含有"刚直、

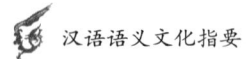

坦率"的意思。③它们常用来形容人的思想、性格及为人处世的态度等。④都含有褒义。

正直是"公正、刚直"的意思,侧重于形容人的思想品质,办事公平。

耿直多用于形容人的脾气性格,指直爽、实在、不拐弯抹角。也可指人的品质,强调不为威势所屈。

再比如对"坚定"和"坚决"的辨析:

坚决—坚定:

①二者有共同的意义核心——坚强,不为外力影响而改变。

②二者侧重点不同,"坚定"侧重在不动摇,不为外力压迫而改变,可以组成"坚定不移"这样的固定语。"坚决"侧重在已经下定决心,不再犹豫,更强调不怕困难,贯彻到底。

③"坚定"只用于褒义,"坚决"主要用于褒义,但也可用于贬义。例如"有些人坚决要走回头路,碰壁是早晚的事"。在这些例句里,"坚决"不能换成"坚定"。

④"坚决"本身就含有"决心"的意思,所以不能说成"坚决的决心";"坚定"则没有这个意思,可以说成"坚定的决心""坚定了……的决心。"

⑤"坚定"主要用作定语,在动词前作状语时要加上"地";而"坚决"可用可不用(如"坚决完成上级交给的任务")。

⑥"坚定"既是形容词,又是动词,因此可以带宾语(如"坚定了为教育事业献身的决心")。"坚决"只是形容词,不能带宾语。

⑦"坚定"经常用来修饰立场、信念、态度、决心、信心、意志,以及由此表现出来的目光、表情等。"坚决"经常用来修饰态度,以及由此表现出来的语气,更多用于状语。

总之,同义词语的辨析应放在许多句子(语境)中进行比较,才能在可靠的基础上得出切实的结论。

(二)语素的同义聚合体

单纯词只由一个语素(自由语素)组成。作为词,它可以跟其他词组成同义聚合体,如"不—没—没有"。作为语素,可以和其他语素组成同义语素的聚合体,如"不—无—弗—毋","不"是自由语素,"无""弗""毋"是黏着语素,"弗""毋"在现代汉语中只存在于少数书面语色彩浓厚的固定语之中。黏着语素也可以形成同义聚合体,例如:

利—益 忌—讳 呼—唤 警—戒 莅—临 混—淆
陡—峭—峻 疲—倦—惫

这些同义语素当然是以义项相同为前提的,如"利-益"只在"好处"这个义项上构成同义语素,在作其他义项解释时就不属于同义聚合了。

同义语素不直接组成句子,但却可以构成同义词,如:

权利—权益 疲倦—疲惫 后世—后代
陡峭—峭拔 错误—过错 死伤—伤亡

同义语素可以构成联合式的固定短语,如:

失魂—落魄 循规—蹈矩 和颜—悦色
胡思—乱想 因循—守旧 残羹—剩饭

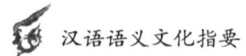

同义语素还可以构成同义的固定短语,如:

漫不经心—漠不关心　化险为夷—转危为安
不堪设想—不可思议

(三)固定短语的同义聚合体

固定短语的性质与词相同,也可以形成同义聚合体。例如:
吹牛皮—说大话—唱高调
耍手腕—耍手段—玩花招
跑龙套—打杂儿—小跑儿—跟包的
欣喜若狂—大喜过望—喜出望外
遐迩闻名—威名远扬—名扬四海
自吹自擂—王婆卖瓜,自卖自夸
分崩离析—四分五裂—土崩瓦解
积少成多—集腋成裘—聚沙成塔
拐弯抹角—闪烁其词—绕弯子—兜圈子
鸡毛蒜皮—鸡虫得失—陈谷子烂芝麻
开诚布公—当面锣对面鼓—打开天窗说亮话
寥寥无几—屈指可数—寥若晨星—凤毛麟角
杳无音信—音讯杳然—石沉大海—泥牛入海
临渴掘井—临阵磨枪—临时抱佛脚—临上轿现扎耳朵眼
直截了当—直言不讳—直言快语—开门见山—单刀直入
墨守成规—因循守旧—陈陈相因—亦步亦趋—泥古不化
分道扬镳—各奔东西—你走你的阳关道,我走我的独木桥
木已成舟—覆水难收—生米做成熟饭—嫁出去的姑娘泼出去

的水

存心不良—居心叵测—知人知面不知心—黄鼠狼给鸡拜年(没安好心)

得寸进尺—得陇望蜀—吃着碗里,看着锅里—贪得无厌—人心不足蛇吞象

轻而易举—易如反掌—如拾地芥—如运诸掌—探囊取物—举手之劳—不费吹灰之力

固定短语的同义聚合又可称为"同义语",从上列例证中可以看出:汉语的同义语是大量存在的。同义语的丰富性是汉语词汇同义聚合的一个主要特点。同义语在表达功能和色彩上各有不同,需要下功夫进行辨析。例如:

褒义	随机应变	志同道合	足智多谋	深谋远虑
贬义	见风使舵	臭味相投	诡计多端	处心积虑

(四)同义语和同义句

短语和句子也可以是同义的,例如:

黄昏来临—傍晚时分
长得胖了点儿—长得不苗条
颇佳—甚好—尤妙—很好—真行—不错—不赖—倍儿棒
不要骄傲—别翘尾巴—虚心点儿

这里的关键词语主要是同义词和反义词(加上否定词),"黄昏"与"傍晚"是同义词,"骄傲"与"虚心"是反义词,否定一方("不虚心")

便与"骄傲"同义。

同义语句还可以用描绘手段形成的婉言法构成。在世界各种语言中,关于"死"的委婉语词最多,据说英语有 102 个;汉语大约有 500 个。汉语关于"死"的委婉词语体现了封建等级制度的森严:

天子死曰崩,诸侯死曰薨,大夫死曰卒,士死曰不禄,庶人死曰死。

在封建礼法中,除了庶人直接称"死"外,其他的都很委婉。庶民百姓同样忌讳"死",于是在不违背封建特权和等级制度的前提下,创造了大量的关于"死"的委婉语句。在现代汉语语境下,对德高望重、受人景仰的领袖及杰出人物的死,人们称为"与世长辞""离开了我们""溘然长逝"等。这些说法表现了人们对死者的崇敬、哀悼之情。为国家,为民族,为人民的利益,为了正义的事业而死,人们称之为"英勇牺牲""以身殉国""为国捐躯""为国献身""慷慨就义"等,这些语句反映出人们对死者寄予了崇高的敬意和无限的感激之情。对于死亡的戏谑性口语说法是"回老家了""听蛐蛐叫去了""吃嘛也不香了"等。对于那些罪犯、恶人、不法之徒的死,则用"完蛋""蹬腿""见阎王""上西天""一命呜呼""吹灯拔蜡"等,带有不同程度的贬义色彩。当然对死者的褒贬态度,是以说写者的感情和主观态度为标准的。今天,随着时代的发展、观念的更新,又出现了一些关于死亡的具有现代意识的委婉说法,如"见马克思""见上帝""停止了呼吸""心脏停止了跳动"等。这些说法有的含有政治文化色彩,有的反映了东西方文化的交融,有的则反映了现代殡葬习俗的进步,有的还带有地域色彩。

另一种类型的同义语句主要是依靠语法手段形成的,例如:

我批评他了——我把他批评了——他被我批评了。
我一定得去——我必须去——我不得不去——我不去,行吗?(反诘)

它们主要由虚词和词序手段组成。

二、反义聚合体

(一)反义聚合体的语义基础

意义相反或相对的一组语言单位(如语素、词、固定短语等),可以构成反义聚合体。它必须在语义上形成对立,并在语言形式上反映出来。反义聚合体只能由两个对立的成分组成,从意义关系上看,这两个对立的成分却可能属于某种"统一体",就是具有共同的上位概念(上位意义)。有一些反义聚合体只能分为意义相反的两项,如"正—反""生—死""男—女""肯定—否定"等,都是"一分为二"的。更多的反义聚合体是把"统一体"分为三项或更多的项,然后从中挑选两项组成的。具有反义关系的语言单位只有处于轴线的两端,才能形成反义聚合体。"黑"与"白"在"光线的吸收与排斥"这根轴线上代表两个极端,即处于两极的地位。

介于"黑"与"白"之间的"灰",既不能和"黑",也不能和"白"构成反义聚合体。再请看下表:

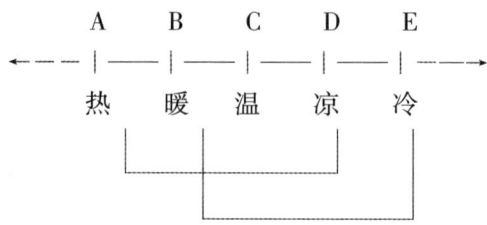

从理论上讲,A 与 E(热—冷)、B 与 D(暖—凉)可以构成反义聚合,是相互对应的反义词。但是在词的语用平面上,A 与 D(热—凉)E 与 B(冷—暖)也可以构成反义聚合,它们可以在同一个语境中出现而显示出相对的意义,因而也形成了反义词。

A 热	热菜—热水—热茶—脸上发热	别让人热脸贴凉屁股上。
D 凉	凉菜—凉水—凉茶—浑身发凉	饭热了凉,凉了又热。

E 冷	冷气—冷风	把群众的冷暖挂在心上。
B 暖	暖气—暖风	如鱼饮水,冷暖自知。

在反义聚合体中,所谓"轴线"十分重要。一组反义词各词之间的语义联系就是由这条"轴线"发生的效力。当然,"轴线"改变了,反义词也随之变换。例如:

红←→绿(是一组反义词)
　　——在艳丽色彩这条轴线上
红←→白(是一组反义词)
　　——土地革命时期,在对待革命态度这条轴线上
红←→黑(是一组反义词)
　　——"文化大革命"时期,在所谓"阶级斗争"这条轴线上

稳定(稳固安定,没有变动)	在局势的轴线上	反义词是——动荡
	在人心的轴线上	反义词是——浮动
	在物价的轴线上	反义词是——波动

根据以上分析,"反义词"在意义方面是以下面三点作基础的:

1. 反义聚合体各项在意义上同属于一个上位意义,即具有共性义素。

2. 反义项的意义之间呈现出矛盾关系。

3. 反义项分别处于同义"轴线"的两端。

(二)反义聚合体的逻辑意义

反义聚合体的逻辑意义应该是概念的不相容。在逻辑范畴相同的前提下,下列四种不相容概念都是构成反义词基础的逻辑意义。

1. 矛盾的概念。例如:"死—活""真—假""正—反""对—错""男—女""阴—阳"等等。它们之间是质的对立,不存在着中间概念。

在语言实践中有一些表面上不符合逻辑,实际上却很为生动的用例,如"不死不活""半死不活""半真半假""不男不女""半男半女"等,其实际语义强调的仍然是其中的某一个方面。

2. 对立的概念。例如"多—少""大—小""长—短""贫—富""高—低""早—晚"等等。它们之间是量的对立,在两极之间存在着中心点,在轴线的两侧可能存有若干中间概念。

3. 对应的概念。例如"买—卖""因—果""左—右""内—外""父—母""夫—妻""主—客""师—生"等等。它们之间是事物关联的对立,成双成对地对应着存在,互相依存,相互制约。

4. 并列的概念。例如"春—秋""方—圆""钝角—锐角""悲剧—喜剧""格律诗—自由诗"等等。它们之间是事物之间并列而不相容的关系。

(三)反义聚合体的义素分析

构成反义聚合的一组词,必须次要义素相同,主要义素相反或相对。就是说:反义词的次要义素是它们的共性义素,而主要义素则为个性义素。

请看下表:

	共性义素	个性义素
高	从上到下的距离	大
低		小
教	知识或技能	传授
学		获得

共性义素是反义词的基础,个性义素是反义词的语义特征。个性义素不相反或不相对,当然就不属于反义词;共性义素不相同的,也不是反义词。例如"苦瓜"和"甜瓜",是否为反义词呢?答案是否定的,因为苦瓜是蔬菜,甜瓜是水果,二者不同属一个上位意义,也就失去了反义聚合的语义基础了。有些反义聚合体(反义词)的个性义素并不是一一对应的,例如"呼"与"吸":

"呼"-[生物体]+[把气体]+[排出体外]
　　　　A　　　　B　　　　X1
"吸"-[生物体]+[把气体、液体等]+[引入体内]
　　　　A　　　　B　　　X3　　　　X2

在这个例子里,A 和 B 是共性义素,X1 和 X2 和 X3 是个性义素,其中 X3 是"呼"所没有的,但它(指 X3)却是"吸"的又一个语义特征。这说明反义聚合体在语义上的错综复杂。

一个词的一个义项因为有不同的义素,因而有时可以形成不同系列的反义聚合体。

| 攻方 | 1. 强攻 | 2. 智取 | 3. 围困 |
| 守方 | 4. 死守 | 5. 固守 | 6. 坚守 |

义项1"强攻"有两个主要的义素:①[使用强力]②[攻击]。可以有不同系列的反义词:

义项2"智取"与①[使用强力]这个义素相对,存有[不用强力]而[用智力][攻击]的义素,形成反义聚合。

义项3"围困"与②[攻击]这个义素相对,存有[使用强力]但[不攻击]的义素,也形成反义聚合。

不论"强攻""智取"还是"围困"都是属于进攻的一方。而从防守一方分析,你方"强攻"我方就要大力防守,因而又产生了另一个系列的反义聚合:义项4"死守"、义项5"固守"、义项6"坚守"。

一组(或两组)反义语素结合成一个词或固定语,是汉语词语结构上常用的方法,例如:

词——日夜、矛盾、兴亡、盈亏、生死、好歹、本末、贫富、寒暑、始终、动静等。

固定语——口是心非、公而忘私、若明若暗、出生入死、易守难攻、山高水低等。

(四)反义聚合体的语法意义

语法意义主要包括:语法单位的级别是否相同,语法单位的范畴意义,语法功能意义、语法结构意义等。这些意义是由一整类、一整类的语言单位所具有的聚合关系或组合关系中抽象、概括出来的。语法意义对语义上的反义聚合体,有着不同程度的规定性。反义聚合体中典型的语言单位是语素、词和短语。反义聚合的语素毕竟数量不多,比较常见的还是词与词的反义聚合。反义词的大多数是词性相同的。意义相反的反义词,大多数分布在动词和形容词中;而意义相对的反义词,大多数分布在名词(特别是时间名词和方位名词)和代词中。但也应看到,极少数反义词的词性并不相同,其中常见的是形容词和动词纠葛在一起。例如:

平稳(形)——摇摆(动)
兴盛(形)——衰落(动)
熟悉(动)——陌生(形)
野生(形)——栽培/饲养(动)
不修边幅(动)——衣冠楚楚(形)
长远(形)——眼前(名)
永久(形)——暂时(副)
自(介)——至(动)

还有及物动词和不及物动词纠葛而成的反义词,例如:

固守:~阵地/~要塞/~高地(及物动词)
失守:阵地~/要塞~/高地~(不及物动词)

依附:~他人/~父母(及物动词)
独立:经济~/生活~(不及物动词)

启程:从上海~/~前往西藏(不及物动词)
抵达:~北京/~拉萨(及物动词)

(五)反义聚合的不均衡性

组成一个反义聚合体的两个语言单位(如组成同一组反义词的两个词项)的地位似乎应该是平起平坐、旗鼓相当的,但实际上有相当数量的反义词,两个词项在语义上是不均衡的。

例如"天(日)—夜"是一组反义词,在"三天三夜"这个短语中,"天"和"夜"是相对立的;但在"不分白天黑夜地干了整整三天"这句话里,"天"包含了"夜",却不能换成"夜"。再如"老子—老娘""哥们儿—姐们儿"都是反义词,有时女子也可自称为"老子",但男子却绝不能自称为"老娘";有时女子也可互称为"哥们儿",但男子却决不能互称为"姐们儿"。又如有"女工"而无"男工",有"女皇"而无"男皇"。"工人"既可以概指男女工人,又可单指"男工";"女皇"也是皇帝,但"皇帝"却可单指男性皇帝。这样就形成了"工人—女工""皇帝—女皇"在语义上的对立。

"飞行员""教练""诗人""院士""法官""律师""光棍""土匪""流氓"等,这些词一般指男性;如果是女性,在这些名词之前多会加上"女"字,成为"女飞行员""女教练""女诗人""女院士""女法官""女律师""女光棍""女土匪""女流氓"等。

"保姆""阿姨(保育院)""护士",这些词一般指女性;如果是男性,在这些名词之前多会加上"男"字,成为"男保姆""男护士",而"男阿姨"却是个空位。空位词也体现出反义聚合的不均衡性,例如:

序号	以男性为基点		以女性为基点	
	语义	词语	语义	词语
1	教师或师父的妻子。	师母	女教师或女性师父的丈夫。	—
2	国家元首的夫人。	第一夫人	女性国家元首的丈夫。	—
3	死了妻子。	断弦	死了丈夫。	—
4	男子丧妻后再娶。	续弦	女子丧夫后再嫁。	再醮（醮：古代结婚时用酒祭神的礼。）
5	为婚外女性提供房屋、金钱等并与之长期保持性关系。	包二奶	为婚外男性提供房屋、金钱等并与之长期保持性关系。	—

在形容词组成的多组反义词里，往往只有一个词可以出现在下列疑问句的句型中。例如：

(1)你的女朋友个子高不高？（不问"矮不矮"）
(2)她的个子有多高？（不问"有多矮"）
(3)有一米六高吗？（不问"有一米六矮吗"）

类似的还有：

宽—窄　厚—薄　远—近　粗—细
重—轻　大—小　新—旧　深—浅

前一项是常用的,后一项用得极少。表现出强烈的不均衡性。

(六)反义聚合的非对称性

反义聚合的非对称性表现在构词功能、造句功能和语义选择等方面。如"多—少"这组反义词在语义选择上就存在着典型的非对称性。在日常交际中,人们在表达积极、正面、肯定的意思时,习惯于用"多";但在表达消极、反面、否定的意思时,习惯于用"少"。这在祈使句中表现尤为明显。请看以下用"多"作状语的祈使句：

多读书　多思考　多学习　多开导　多了解(情况)　多保重
多动脑子　多帮助　多指导　多请示　多加注意

从理论上分析,用"少"替换上面的"多",也未尝不可,如"少读书""少思考""少学习""少动脑子"等当然也可以说,但在实际交际中(除非用于对方患病休养的特殊前提下)很少出现。这是因为从说话人的主观观念上看,总应以积极的正面的内容为交际内容的主流。与之相反,凡是消极性的词语就常用"少"作状语了：

少废话　少掺和　少骂街　少抽烟　少熬夜　少惹事
少生气　少挑拨　少唱高调　少来这套　少吓唬人　少起哄

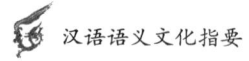

少造谣　少说风凉话

其中有一部分短语因凝固性很强,而成为常用的口语,如"少废话""少掺和"等。如果把上述短语中的"少"换成"多",就不像话了。如:

多废话　多掺乎　多骂街　多抽烟　多熬夜　多惹事
多生气　多挑拨　多唱高调　多来这套　多吓唬人　多起哄
多造谣　多说风凉话

即使是居心叵测、用心不良的人,在正常的语境中也不会如此直截了当地讲话的。

三、类属聚合体

类属聚合体是根据类属关系(上下位关系)而形成的语义聚合体。结构主义语言学的主要成就之一,就是成功地研究了词与词之间的"同义关系""反义关系"和"下义关系":

词和词的意义互相包含(全部或接近全部),就形成了同义词。

两个词的词义同属上位词义(或类此的某一统一体的词义),而又彼此相互排斥(相反或相对),就形成了反义词。

一个词的意义完全包含在另一个词的意义之中,则形成了类属词。

语义场理论兴起之后,词的类属关系受到普遍的重视。根据类属关系可以形成分类义场。它是语义场(词汇场)层次性的具体体现,一个义场的形成必须要分析各个组织单位在类属关系中的地位。

（一）上位词和下位词

在类属聚合体中，一些词的意义可以包含在另一些词的意义之中，例如我们对"树—松树-红松"这三个词进行义素分析：

树　　　+[植物]+[木本]
松树　　+[植物]+[木本]+[乔木]+[常绿]+[鳞皮]+[针叶]
红松　　+[植物]+[木本]+[乔木]+[常绿]+[鳞皮]+[针叶]
　　　　+[种子可食,可榨油]+[建材]

"树"的词义包含在"松树"的词义里面，"树"的所有义素"松树"都有，而"松树"另有的一些义素，不为"树"所有。"松树"的词义包含在"红松"的词义里面，"松树"的所有义素"红松"都有，而"红松"另有的一些义素，却为"松树"所无。这就是说：

在内涵上——"红松"的内涵深于"松树"，"松树"的内涵深于"树"。
在外延上——"树"的外延大于"松树"，"松树"的外延大于"红松"。

它们之间存在着包容与被包容的关系。在类属词聚合体中，外延大的叫上位词，外延小的叫下位词。例如：

树—松树—红松
体育运动—球类运动—排球运动

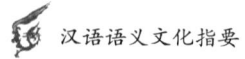

家具—桌子—书桌
学生—大学生—大学四年级学生

它们都是类属词,排列在前面的是上位词,排列在后面的是下位词。同一个词可以有若干个下位词:

金属						
金	银	铜			铁	锡	……
		黄铜	红铜	紫铜	……		

"金""银""铜""铁""锡"等都是"金属"的下位词。有些词也可以有不同的上位词,例如:

男人	成年人	未婚者
单身汉		

餐具	瓷器	货物
瓷碗		

俑	陶器	古玩
陶俑		

这是因为同一个词可以根据不同的标准分属不同的类造成的。

语言单位所属上位词还可以越级。从理论上说,每个词都只应属于最切近的一个"类",但是人们在习惯上并不以此为限,往往将这个具体的词直接属于某个最习用的那个"类"。例如"栽了一棵红松"可以说成"栽了一棵树","去图书馆借《围城》"可以说成"去图书馆借书","明天上午打乒乓球"可以说成"明天上午打球","买沙发"可以说成"买家具","上街买点水果"可以说"上街买东西"等。

(二)类属关系

大千世界,万事万物,门类繁多,目前已发现生存着的植物 30 余万种,动物 100 余万种。如许之多的生物,如果不给以分类,便无法进行系统的研究。有了严密科学的分类,就可以使客观对象条理化、系统化,便于分门别类进行深入的研究,便于记忆和思考。所谓分类,就是根据一定的从属关系,使对象形成不同等级系统的逻辑方法。如"生物"下面便分为"界""门""纲""目""科""属""种",必要时还可以成立"亚门""亚纲""亚目"等。例如"现代人"属于:

动物界—脊索动物门—脊椎动物亚门—哺乳纲—灵长目—人科—人类(属)—现代人(种)

这个分类何等严密!凡是科学的分类,都是严谨而自成体系的,上下位关系也很清楚,再如:

图形—直线图形—三角形—等边三角形
句法成分—主要成分—谓语—动词谓语
文学—古代文学—中国古代文学—唐宋文学—唐代诗歌—盛唐诗歌—杜甫诗歌

以上是科学研究、学术研究的分类。

(三)类属聚合体在构词中的表现

严格说来,只有词和短语才可以表示交际中的事物,才能相互比较从而形成类属聚合体。但是有类属关系的词也可以成为构词材料,这时它们便以语素的面貌出现参与构词。这样,就使语素这个层级的语言材料,也与类属聚合体发生了联系。

现代汉语上位词在构词时往往成为新词的中心语素,位于区别性语素之后,形成一个隶属于该上位词的新词(即一个下位词),这是汉语词双音节化乃至多音节化的一个重要手段。例如"树"是上位词,它可以构成"松树""杨树""柳树""桃树""桦树""杉树""柞树""槐树""橡树""榆树"等下位词。

再如"船",作为水上主要运输工具,如按类别或功能细分,表区分的语素在前,而表整体的语素在后,例如:

船(上位词)→轮~、木~、帆~、汽~、货~、客~、拖~、渔~、油~、邮~、游~、渡~、商~等。

如按"整体—部分"的关系细分,表整体的语素在前,表部分的语素在后,例如:

"船"(上位词)→~头、~尾、~舷、~舱、~帮、~帆、~篷、~舵、~桨等。

汉语名词一般都是类名在后,而表示其特征的修饰、限制性成分置于前面,例如:

龙须面、马齿苋、狗尾草、喇叭花、凤尾竹、鹤嘴镐、老虎钳、老虎凳、龙舟、鸭嘴笔、鸭舌帽、鸡冠花、蝴蝶结、蝙蝠衫

名词性词语也有与上述规则相悖的,例如"熊猫""海马""河马""蜗牛""海狮""河豚""海参""箭猪"等,这是因为采用了相似语义转移的造词(比喻造词)手段的结果。熊猫不属猫科而属熊科,动物学术语应称"猫熊",而人们俗称"熊猫",这个词是由比喻构成的。

汉语比喻造词两个有密切关连的下位词(语素)可以组合成为数众多的词语,而且在语义上呈现出异常丰富的状况,例如:

词语	语义	例句
风波	比喻纠纷或乱子。	政治~、一场~
风潮	指群众为迫使当局接受某种要求或为维护自身利益而采取的各种集体行动。	平息~、抢购~
风浪	比喻艰险的遭遇。	久经~
风雷	比喻气势浩大而猛烈的冲击力量。	革命~
风霜	比喻旅途中或生活中所经历的艰难困苦。	饱经~
风雨	比喻艰难困苦。	经~,见世面
风月	指男女恋爱的事情。	~场、渐晓~
风云	比喻变幻动荡的局势。	~突变、五洲~

以上谈的构词方式只使用于名词性词语,至于动词和形容词则可前可后了:

"烦"(上位词)→~恼、~闷、~躁、~扰、~忧等。

"苦"(上位词)→痛~、疾~、困~、劳~等。

"行"(上位词)→执~、履~、实~、推~、施~、试~等。

实际上动词、形容词的类属关系并不像名词性词语那样界限清楚、等级分明。

四、对义聚合体

类属聚合体主要研究上位词和下位词的关系。但是对于同一级别的下位词之间的关系,往往被忽略了。汉语反义词中有一部分只是语义对立,他们之间只是不相容而并不"相反"。例如"春—夏—秋—冬"四个词中,"春—秋""冬—夏"被视为反义聚合,是因为人们把它们置于某种"轴线"的两端而致。其实,它们只是语义不相容而已,与"死—活"之类的反义聚合有着明显的区别。

如果从语义不相容的关系这个角度审视,我们可以把诸如"春—秋""夫—妻""工—农""禽—兽""车—船""师—徒"之类从反义聚合中分化出来,称之为"对义聚合"。这种对义聚合体,包含一切属于同一上位词的各个子项,例如"松—竹—梅""鸡—鸭—鹅""猪—牛—羊""数—理—化"等等。

对义聚合体可以由两项构成,也可以由三项、四项,甚至更多的项组成。例如:

	对义聚合
两项的	红男—绿女 苍松—翠柏 野草—闲花 中医—西医 桃红—柳绿
三项的	陆—海—空 数—理—化 体—音—美 工—农—兵 工—青—妇 京—津—沪 日—月—星 教—职—工 天时—地利—人和
四项的	兄—弟—姐—妹 风—花—雪—月 经—史—子—集 琴—棋—书—画 花—鸟—鱼—虫 说—学—逗—唱 鸡—鸭—鱼—肉 酸—甜—苦—辣 亭—台—楼—阁 吃—喝—嫖—赌 笔—墨—纸—砚 煎—炒—烹—炸

续表

	对义聚合
五项的	金—木—水—火—土　汉—满—蒙—回—藏　眼—耳—鼻—舌—身 红—黄—蓝—白—黑　工—农—兵—学—商　宫—商—角—徵—羽 东—西—南—北—中　酸—甜—苦—辣—咸
七项的	赤—橙—黄—绿—青—蓝—紫　柴—米—油—盐—酱—醋—茶

对义聚合体一般结构整齐、音韵和谐,四字格为数较多。两项的对义聚合可合并为四字格来表达,如"红男绿女""苍松翠柏""野草闲花""桃红柳绿"等。三项的对义聚合也可扩充为四字格,说起来更为稳妥顺口,如:

陆海空→陆海空军
日月星→日月星辰
教职工→教职员工
花草树→花草树木
桌椅凳→桌椅板凳

五项以上的对义聚合也可以略去后面的字,变为四字格,如:

东西南北中→东西南北
酸甜苦辣咸→酸甜苦辣
赤橙黄绿青蓝紫→赤橙黄绿
柴米油盐酱醋茶→柴米油盐

一些更长的对义聚合系列只截取前四项来加以统括,如"甲乙丙丁""子丑寅卯"等。有些对义聚合的习用词语,把某些在逻辑上并

非同类对立的各项也列入对义聚合体之中,例如:

六畜:马—牛—羊—鸡—犬—豕(shǐ)

家畜:鸡—鸭—鹅—狗

家禽:鸡—鸭—鹅

水果:瓜—果—梨—桃

在这里,逻辑是混乱的,其中的"鸡"又属于"家畜",又属于"家禽",而"狗"却与"鸡鸭鹅"为伴;"瓜""果""梨""桃"这四个概念在逻辑上既非同类,也不在同一个层次上。

另外,对义聚合体还可以实行上位词的功能,例如"柴米油盐"泛指一切日常生活消费品,"锅碗瓢盆"泛指一切炊具;"花鸟鱼虫"泛指家庭生活中的闲情逸致;"桌椅板凳"泛指一切家具,"吃喝拉撒"泛指日常生活,"吹拉弹唱"泛指一切戏曲音乐活动;"鸡鸭鱼肉"泛指一切高级菜肴;"绫罗绸缎"泛指一切高级丝织品;"悲欢离合"泛指人生各种际遇;"琴棋书画"泛指文人擅长的雅事等等。

第八章　语素义组合

现代汉语的语素不直接参与交际,语素的作用在于构词(或构成与词相当的固定短语),因此,本章讨论的语素组合问题,也就是讨论由哪些语素以何种方式组合成词的问题。

语素义组合问题十分复杂,这是因为语素义在组成词义的过程中,往往受到多种因素的影响,譬如语素的"自由"和"黏着"、语素义的"自指"和"转指"等。

一、自由语素和黏着语素

现代汉语的语素有自由、黏着之分。能够单说的是自由语素,不能单说的是黏着语素。其实,所谓"自由"和"黏着"是受由义项决定的语素语义变体左右的。一个语素有几个义项,便有几个语义变体。如果各个语义变体都能够单说,那么这个语素就属于自由语素,例如:

铝　金属元素,银白色,质轻,富有延展性,容易导电。
吠　(狗)叫。

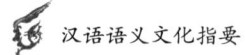

够　①数量上可以满足需要;②达到某一点或某种程度;③(用手等)伸向不易达到的地方去接触或拿来。

"铝""吠""够"本身或语义变体都能单说,属于自由语素。这种自由语素并不多见,尤其是多义语素中的各个义项全都自由的更为少见。

所谓"黏着",是指依附于其他成分才能在话语中出现的有意义的语言形式。或者说,它是不能单独说的语言形式。语素的各个语义变体全都是黏着的,就属于黏着语素。如:

宇　①房檐,泛指房屋;②上下四方,所有的空间;世界。
泽　①聚水的地方:沼泽;②湿:润泽;③金属、珠玉等的光:光泽;④恩惠:恩泽。
们　用在代词或指人的名词后面,表示复数。
子　(zi)名词后缀。

黏着语素占现代汉语语素的多数。
另外,多义语素中有的语义变体可以单说,是自由的语义变体;有的语义变体不能单说,是黏着的。如:

张　①使合拢的东西分开或使紧缩的东西放开:~嘴/~翅膀/~弓放箭/一~一弛。②陈设;铺张:~灯结彩。③扩大;夸张:虚~声势。④看;望:东~西望。⑤商店开业:开~。

在这5个义项里,除了①项之外,其他几项构成的语义都是黏着的。这样,我们就可以称第①项为自由语素,而其他几项则为黏着语素。

黏着语素在现代汉语语素中占有优势,这是汉语词语由单音节发展为双音节化的必然结果。古代汉语中许多可以单说单用的语素,到了现代汉语却必须和其他语素组合在一起,才能单说,这样它就从自由变为黏着的了。

二、词义的"自指"和"转指"

这里主要谈复合词的词义。复合词的词义,可以分为自指和转指两类。

复合词的词义同语素组合义一致的为自指,例如"新潮""美丽"等。有些多义复合词只是某些义项是自指,其他义项则可能是转指,如:

说明 ①解释明白:~原因/~问题。②解释意义的话:图片下面附有~文字。③证明:事实充分~这种做法是正确的。

三个义项,第一义项是自指,二、三义项是转指。

复合词的词义同语素组合义不一致的或无法从语素组合义直接解释的则为转指。例如"虎口",从两个语素的意义以及组织它们的偏正关系出发,它的语素组合义是"老虎的嘴巴"。但是用它来衡量现代汉语"虎口"的两个义项就不适用了:

虎口 ①大拇指与二拇指相连的地方:~震裂了。②比喻危险的境地:~脱险/落入~/~余生。

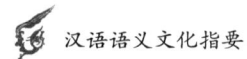

其实"虎口"的初始义"老虎的嘴巴"早已消失。再如:"犬齿"的语素组合义是"狗牙",而这个词的真正意义是"指人的门牙两旁的牙,上下各有两枚"。在复合词里,转指占绝大多数。

三、语素组合义形成复合词词义的途径

复合词词义的自指和转指的分别,来源于复合词中语素组合的途径不同、语义偏移程度不同。只有把语素组合义与词义之间的种种纠葛搞清楚了,才可以借助语素组合义来正确地理解词义。

(一)短语的简缩

许多复合词是把短语简缩为双音节的词。例如:

内容简略的报告→简报　　简单朴素→简朴
简单扼要→简要　　　　　简单而容易→简易
简单方便→简便　　　　　简要古奥→简古
简便快捷→简捷　　　　　简要地介绍→简介
简单而概括→简括　　　　简单的履历→简历
简单粗陋→简陋　　　　　简单明白→简明

左边的词义既是形成该词的脉络,又是理解词义时进行扩展的线索。另如:

1. 猛醒　骁将　密令　目送　传媒　共识（修饰式）

2. 精美　高大　书报　壮健　调研　　（并联式）
3. 迷航　起草　从军　临别　达标　　（支配式）
4. 自动　耳鸣　地震　心悸　肠断　　（陈说式）
5. 封存　剪贴　签发　提审　清整　　（连动式）
6. 召集　逼供　诱降　请示　委培　　（兼语式）

因简缩双音节词而成的语素，往往是最能显示该事物特征的语素，为此不惜破坏复合词的组合规律，例如：

迎新　怀旧　怀远　媚外　爱小　选美　拿大

以上例词的后一个都本是形容词性的语素，如果仍是形容词性质，便不能这样充当宾语受动词语素的支配了。还有一些复音单纯词如"骆驼""蝴蝶""蜘蛛""蚂蚁"等，从中抽取"驼""蝶""蛛""蚁"作为代表字来组合成另一个词：

1. 骆驼——驼绒、驼毛、驼色、驼峰、单峰驼
2. 蝴蝶——蝶霜、蝶泳、蝶骨、粉蝶、蝶恋花
3. 蜘蛛——蛛网、蛛丝、喜蛛、檐蛛
4. 蚂蚁——蚁王、蚁民、工蚁、兵蚁

这类简缩而成的复合词，其词义与语素义是一致的，并可以通过语素组合义还原为相应的短语义，所以这类词的词义多为自指。但是，由短语简缩为词，要有一个"词化"的过程，不仅复合词的结构更为严密，中间不许插入其他成分，作为词义也可能有所变化。例如："大门"作为短语，是"大的门"的意思，但是作为词，它的意义"特

指整个建筑物临街的一道主要的门";"大车"作为短语,是"大的车"的意思,但是作为词,它的意义"专指牲口拉的两轮或四轮的载重车"。

有相当一部分复合词在古汉语中是短语,应按照汉语的语法规则去理解其词义。例如:

1. 目送——"以目相送"——眼睛注视着离去的人或载人的车、船等。

2. 鸟瞰——"像空中的飞鸟一样"——从高处往下看。

3. 攻错——"他山之石,可以为错。……他山之石,可以攻玉。"(《诗经·小雅·鹤鸣》)"错":磨刀石;"攻":治。——比喻拿别人的长处补救自己的短处。

4. 染指——《左传》载:郑灵公宴请群臣吃甲鱼,故意不给子公吃,子公很生气,就伸指在盛甲鱼的鼎里蘸上点汤汁,尝尝滋味走了。——比喻分取非分的利益。

5. 涂鸦——唐人卢仝《添丁诗》:"忽来案上翻墨汁,涂抹诗书如老鸦。"——形容字写得不好(多为谦辞)。

简缩就是把多音节的短语简缩为双音节的词,它既符合汉语词汇双音节化的规律,又增强了构词的理据性;因此它属于自指。

(二)语素的增益

与简缩相反的过程就是增益。增益则是对在古汉语中占绝对优势的单音节词,再加上另一个语素,使它变成双音节复合词。这些增益语素自身的意义在整个词义构成上往往并非是必需的。从而使语素组合义与词义之间发生种种差异。尤其是在并联式结构的复合词中,词义和两个语素组合产生的语素组合义往往不相合。这又分为以下几种情况:

1. 同义单指(X 等于 A,也等于 B)

道路 价值 投掷 奔跑 疼痛 美丽 秘密 捉拿 寒冷
善良 优良 灵敏 临近 接连 退却 涂抹 聆听 思想
汇集 竭尽 忠诚 闻听 骄傲 压抑

在构成形式上虽是两个同义语素的并联,但词义只是其中某一个语素的意义。

2. 类义概指(X 大于 A+B)

湖泊(湖的总称)　　　船舶(船的总称)
砖瓦(泛指建筑材料)　笔墨(指文字或诗文书画)
山河(泛指国土)　　　眉目(泛指容貌)
手脚(指举动或动作)　车船(泛指水陆交通工具)
图书(泛指书籍)

构成词语的两个语素意义相近,可是词义却是表示集合的概念,就是同类或相关事物的概称。这些词语的词义所指范围往往大于语素组合义的所指范围。

3. 类义偏指(X 等于 A 或 X 等于 B)

窗户 推让 图章 头颅 头脑 人物
国家 门户 蒙受 萌发 语言 言语

135

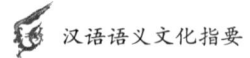

构成词语的两个语素意义相近,但词义只等于其中的一个,另一个在语义上只是一个陪衬。

4. 类义补足

(1)鲤鱼 鲫鱼 鳜鱼 鲈鱼 松树 杨树 柳树 槐树
(2)杏树 桃树 梨树 苹果树 椰子树 橄榄树

第一组词,前一个语素本身就足以表示该类事物了,却又补充进一个表类义的语素,形成双音节词,从而使前一个语素仅起区别特征的作用。这种类型多为鸟兽鱼虫花草树木之名。第二组词略有不同,后一个语素"树"却有分化作用。例如:

门前种了两棵杏,屋后种了三棵枣。
送来了一篮子杏、半兜子枣。

前者指树,后者指果实(水果)。但是加上"树",成为"杏树""枣树",则这种多义立即就消失了。

5. 名量概指

车辆 纸张 花朵 枪支 马匹 布匹
船只 人口 书本 羊群 房间

这类复合词的语素组合为"名+量"结构,从语义上看,语素之间并无修饰与被修饰的关系,却表示出名词语素所指事物的集合概念。这类词不能接受名量词的修饰,不能说"四辆车辆""五张纸张""六朵花朵""三支枪支"等。

四、语义的相似转指和相关转指

复合词的语素组合义和词义不一致,就是发生了语义转移,就属于"转指"。我们把"转指"分为两种类型,就是"语义的相似转指"和"语义的相关转指"。

(一)语义的相似转指

语素组合义所指事物与词义所指事物之间存在着相似性,在普通语言学这被称为"隐喻",而我们称之为"语义的相似转指"。这种方式可以增强词语的形象色彩,但是相似并不等于相等。例如"虎口""犬齿""放羊"等,其词义所指与"虎""犬""羊"无关,只是与"虎之口""犬之齿""把羊放到野外"的语素组合义相似的他种事物。"糊涂"的语素组合义是"糨糊+烂泥",而词义却是"头脑不清,不明事理",二者亦有相似之处。相似转指又可分为两类:

1. 喻词转指

语素组合义相当于喻体,用语素组合义这个喻体来比喻词义(本体)所指事物。例如:

仙人掌　佛手　鬼话　鬼打墙
落汤鸡　替罪羊　飞来凤

按照语素组合义所指在世界上本无此物或极为罕见,如"仙""佛""鬼"等只在神话或宗教中存在。还有一些词,它们本来有一个

与语素组合义一致的义项,但是这种义项用途过于狭窄,于是比喻义就占了上风。例如:

龙眼　饭桶　草包　鸡眼
变卦　吃醋　续弦
猴头(蘑菇)　高帽(比喻恭维的话)
羊角(指弯曲而上的旋风)
驴打滚儿　半瓶醋　扣帽子　乱弹琴

有一些词中心语素所指事物并不少见,但是整个语素组合义几乎从来就没有用过,它们是按照比喻方式特意造的词,只使用比喻义,如:

吹牛　拍马　装蒜　野心狼
地头蛇　爬山虎　老狐狸　落水狗
敲门砖　背黑锅　拦路虎

2. 喻词加类名
比喻语素后面加上类名,例如:

笔架山　象鼻山　五指山　莲花山　香炉峰
玉带桥　垂虹桥　鹅卵石　狼牙棒　鸡冠花
喇叭花　美人蕉　凤尾竹　狗尾草　虎耳草
蟹爪兰　兰花指　龙须面

许多颜色词也都是通过这种比喻的方式形成的,例如:

石榴红　沙滩黄　孔雀蓝　鱼肚白
橄榄绿　玫瑰紫　芥末黄　青莲紫

还有一些以动物为喻的词,形象感很强,例如：

虎视　鸟瞰　狐疑　蝶泳　蛙泳　猫腰

(二)语义的相关转指

有些词单从语素组合义上看,只指事物的某一种性质特征,或指事物的某一方面,可是词义却指事物本身。例如：

扳不倒(玩具)　　　　　佛跳墙(菜肴名)
狗气杀(小口长颈容器)　不求人(痒痒挠)
气死风(油纸灯笼)　　　老头乐(棉鞋)
开口笑(内镶糯米面的蜜枣)　踢死牛(皮靴)

这些词的语素组合义所指与词义所指之间是一种相关的关系,也可以分为两类：

1. 借体转指

以声响代物——蛐蛐、蝈蝈、知了、布谷、乒乓
以服饰代人——青衣、布衣、巾帼、貂锦、红领巾
以职业代人——司仪、领班、导游、编辑、导演
以产地代产品——龙井、茅台、绍兴、独流
以特征代物品——夜来香、山里红、落花生、竹叶青(酒/蛇)

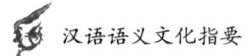

以人名代物品——杜康（酒）、刘海儿（发式）、阮咸（弦乐器）、杜仲（药材）

2. 相关语素加类名

现代汉语复合词中偏正式数量最多，其构词方式以相关语素加类名为主。相关语素所指范围很广，有的不一定与词义所指事物的本质特征相关。例如"白菜"并不是"白色的菜"，也不是"开白花的菜"，而是只有菜帮是白色的。"黄瓜"也不是"黄色的瓜"，而是深绿色。相关语素加类名，可分为以下几类：

表颜色语素+类名——红薯、朱砂、丹桂、白鹤、乌鸦、灰狼、黄羊
表时间语素+类名——春饼、春卷、夏布、秋菊、冬笋、冬装、古柏
表原料语素+类名——果脯、瓦房、米酒、铁塔、毛笔、煤矿、石船
表味语素+类名——酸枣、蜜桃、苦瓜、辣椒、咸蒜、甘草、香菜、臭椿
表方位处所语素+类名——胡琴、西瓜、野猪、苏绣、湖笔、川贝、阿胶
表特征语素+类名——葡萄沟、桃花源、蝴蝶泉、黑牛城、荒草坨
表声音语素+类名——拨浪鼓、踢踏舞、呱嗒板、乒乓球
表用途语素+类名——正痛片、降压灵、救心丸、起诉书、通行证、工具书
表制作方法语素+类名——卤鸡、烤鸭、烧鹅、榨菜、炸酱、炸丸子、拼盘
表程度语素+类名——深红、淡绿、浅黄、暗紫、重拳、轻视、小看
表来源成因语素+类名——伊面（清福建汀州府尹伊秉绶）、巢菜（宋四川人巢元修）、欧体、颜体、元白体、打油诗

以上分类都只是举例性的，不是也不可能是穷尽式的。

第九章　歧义

在交际过程中一句话只明确地表示一个意思,只有一种理解,这样就可以保证听读者准确地理解说写者的意思——这当然是很理想的。但是,在语言实践中,歧义现象是比较普遍的。所谓"歧义",就是同一语言形式有两歧或多歧的意义,或者说同样一句话可以作两种或多种可能的解释。一般说来,歧义现象虽较普遍,但在语境制约下还不至于产生误解;但如果掉以轻心,也可能给交际带来困难。例如:

(1)红花口袋——起码有以下四种理解或解释:

A 装药材藏红花的口袋
B 红色的花布口袋
C 印着红花的口袋
D 装有红色花朵的口袋

(2)让他妈一个人胡说——有以下两种理解或解释:

A 让他的妈妈自己胡说
B 让他一个人胡说("他妈"是脏话)

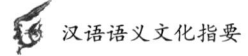

(3)母在父先亡——旧时算卦先生事先写好的"以不变应万变"的歧义判词,可以有多种解释:

A 母亲在世,而父亲却去世了——父亡母在
B 母亲在世,但父亲将先于母亲而死去——父母均在,但父亲将先亡故
C 母亲将先于父亲去世——父母均在,但母亲将先亡故
D 母亲在父亲之前已去世——父在母亡
E 母亲在父亲去世之前已去世——父母双亡

朱德熙先生精辟地指出:"一种语言语法系统里的错综复杂和精细微妙之处往往在歧义现象里得到反映。因此分析歧义现象会给我们许多有益的启示,使我们对语法现象的观察和分析更加深入。"其实,歧义现象并不止于语法,而不可避免地涉及语义问题。歧义的形成是很复杂的现象,其分类大致如下:

一、词汇性歧义

所谓词汇性歧义是多义词或同音词在言语中造成的。

(一)多义词引起的歧义

1. 别动!
   A (在照相时)不要移动身体
   B (在参观文物陈列室时)不要触碰

2. 风流(人物)
    A 富有文采、英俊、杰出
    B 跟男女情爱有关
3. 走了两个小时了
    A 行走
    B 离开
4. 他两天没有吃菜了
    A 蔬菜
    B 菜肴
5. 这些人多半是师大的学生
    A 超过半数
    B 大概
6. 我爱我的同胞
    A 自己的兄弟姐妹
    B 同一国家或民族的人们
7. 你说呀。一说出来不就什么都完了吗？
    A 什么事都没有了。
    B 什么都完蛋了。

(二)同音词引起的歧义

1. 一切向 qián 看
    A 前/ B 钱
2. 吃这种食物能 zhì 癌
    A 治/ B 致

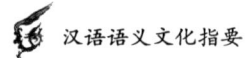

二、组合性歧义

组合性歧义包括语法组合歧义和语义组合歧义两种类型。

(一)语法组合歧义

语法组合歧义又可以分为词类不同引起的歧义、词和短语同形引起的歧义、结构关系不同引起的歧义等类型。

1. 词类不同引起的歧义

(1)饭不热了。
　　A 动词,"加热",表示不必加热了。
　　B 形容词,"热乎",表示饭已经凉了。

(2)这篇文章你给我看看。
　　A 动词,"交付,交与",请你让我看文章。
　　B 介词,"为",请你为我看文章。

(3)他背着行长和副行长偷偷把这笔款拨了出去。
　　A 连词,表示:背着的对象是"行长和副行长"。
　　B 介词,表示:背着的对象是"行长"。

2. 词和短语同形引起的歧义

(1)他要煎饼
　　A 名词,"饼"读轻声,表示要吃煎饼。
　　B 述宾短语,要把饼煎一煎。

(2)这个时候,千万别伸手
　　A 动词,"伸出手"。

B 向别人或组织索要东西、荣誉等。

3. 结构关系不同引起的歧义

(1)述宾关系—偏正关系

A 学习文件

　a 今天下午集中学习文件。

　b 每人都发了一份学习文件。

B 出租汽车

　a 经营出租业务,当然包括出租汽车。

　b 坐出租汽车去吧!

C 复印材料

　a 担负复印材料的工作。

　b 把这份复印材料归档吧!

D 炒肉丝

　a 他正在厨房炒肉丝。

　b 一份炒肉丝足够吃的了。

(2)偏正关系—联合关系

A 高校医院

　a 非典猖獗时期,每一所高校医院都面临着严峻的考验。

　b 担任教卫委书记一年,他几乎走遍了全市的中小学和高校医院。

B 文学语言

　a 修辞学一方面要研究文学语言,另一方面要研究口头语言。

　b 这次论文选题,文学语言各占一半。

(3)述宾关系—述补关系

　A 想起来

　　a 打算起床。

b 一度忘却的事又再度回忆起来。

B（演戏要）演好人

　　a 应演正面人物。

　　b 应把人物演好。

C 考虑下去

　　a 思考从高处向低处去。

　　b 不停止思考,继续进行。

偏正关系—主谓关系

A 生活困难

　　a 生活困难的学生得到妥善安排。

　　b 贫困山区人民的确生活困难。

B 语音标准

　　a 首先要确定普通话的语音标准。

　　b 他语音标准,吐字清晰。

C 食堂卫生

　　a 千万要注意保持食堂卫生。

　　b 这个招待所客房整洁,食堂卫生。

4. 结构层次不同引起的歧义

所谓结构层次就是断句的不同,例如民间故事有一副对联:

酿酒罐罐好做醋缸缸酸

养猪大如山老鼠只只亡

两种断句,会导致迥然不同的两种理解:

　　a 酿酒罐罐好,做醋缸缸酸;

　　养猪大如山,老鼠只只亡。

b 酿酒罐罐好做醋,缸缸酸;

养猪大如山老鼠,只只亡。

有时多行文字的移行可以发挥标点的作用,应注意结构层次的变化,例如施工路口的大牌子:

> 宾水西路断道
> 施工车辆绕行

这里因移行不当而引起误解,其本意是"宾水西路断道施工,车辆绕行"。另如:

(1)几个学校的领导

　　A (几个学校)的领导——"几个"限定"学校"

　　B (几个)学校的领导——"几个"限定"领导"

(2)他们三个一组

　　A "他们三个(人)"(组成)"一(个)组"——主语是同位短语"他们三个"。

　　B "他们"(每)"三个(人)"(组成)"一(个)组"——主语是代词"他们"。

(3)发现敌人的哨兵

　　A 发现(了)/敌人的哨兵——"发现"的宾语是"敌人的哨兵"。

　　B 发现敌人的/(我方)哨兵——"发现"的宾语是"敌人"。

(4)现代战争小说

　　A 现代(出版的)战争(题材)小说

　　B (描写)现代战争(的)小说

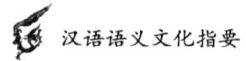

(二)语义组合歧义

1. 语义关系不同而引起的歧义

(1) 开刀的是他父亲

　　A "开刀的"指施事者,即主刀医生。

　　B "开刀的"指受事者,即接受治疗的病人。

(2) 这个人谁都不认识

　　A "这个人"是施事者,他不认识(这里的)任何人。

　　B "这个人"是受事者,(在这里)谁都不认识他。

(3) 你看那个孩子的眼神怎么像他大姨似的

　　A 你看:那个孩子的眼神/怎么像他大姨似的。(主语:孩子的眼神)

　　B 你看那个孩子的眼神/怎么像他大姨似的。(主语:你的眼神)

2. 语义指向不同引起的歧义

(1) 他在车厢上贴标语

　　A 他(上了火车),在车厢里贴标语。

　　B 他(进了车站),把标语贴在车厢上。

(2) 老黄有一个上大学的儿子很骄傲

　　A 主语"老黄",很骄傲。

　　B 主语"儿子",很骄傲。

(3) 没有穿破的衣服

　　A 偏正结构:(没有穿破)的/衣服

　　B 述宾结构:没有穿/(破的)衣服

三、歧义与语境

如果孤立地考察,歧义现象是比较普遍存在的;但是在实际的言语交际过程中,真正造成歧解的现象却不多见。这主要是由于语境对歧义进行了消除和化解。一般说来,在一个语境中只有一个义项适用。语境又可分为上下文语境和社会情景语境。

(一)上下文语境对歧义的作用

上下文语境对歧义有双重作用,有时没有歧义的短语,增加了上下文,却产生了歧义。例如"云南和四川""四川的南部"都没有歧义,但"云南和四川的南部"却有了歧义。

但是,上下文语境对歧义的作用主要表现在消除歧义方面。我们可以掐头去尾把有歧义的句子成串地列举出来,可是一旦把这些有歧义的句子置于具体的上下文语境之中,歧义就会自然化解。例如:

1. 他在桌子上写字。

(1)字写在桌上的本上或纸上。——(原先在老家用树枝在沙地上写字,现在进了学堂,)他在桌子上写字,(感到很舒服,很顺手)。

(2)站在桌子上写大标语。——(别人是一张一张写好了大标语,再往墙上贴;他是直接把大标语写在墙上,有时站在桌子上舞动大排笔。)他在桌子上写字,(写得又快又好!)

(3)把字写在桌面上。——(一群人吵吵嚷嚷闯进局长办公室,用笔蘸足了墨汁,)他在桌子上写字,(写下"砸烂黑窝子"五个大字)。

2. 他在城楼上发现了敌人。

(1)他和敌人都在城楼上。——(在城楼上守卫了三天三夜,第四天拂晓,忽然看到城楼上北甬道闪出几个人影,)他在城楼上发现了敌人。

(2)他在城楼上,敌人在城楼外。——(天刚蒙蒙亮,忽然听到城楼下面有狗叫声,隐约看到十几个包抄过来的人影,)他在城楼上发现了敌人。

(3)他在城楼外,敌人在城楼上。——(几个人埋伏在城楼外大约五十多米的水沟沿儿,一夜都没有什么动静,直到清晨,)他在城楼上发现了敌人。

3. 我们没有做不好的事情。

(1)表决心:我们什么事都能办好——(几项繁杂工作的顺利进展,几次艰难任务的胜利完成,使大家信心倍增。正如班长在誓师会上的表态——)"我们没有做不好的事情!"

(2)辩白:我们没干坏事——(我们是清白的,问心无愧,反正)我们没有做不好的事情。

以上这些歧义句,只要分别在它的前后添加一定的上下文,就能使之变为单义。由此可见上下文语境对消除歧义所起到的作用。

(二)社会情景语境对歧义的作用

在一般的情况下,说话的双方总是处于一个特定的交际场合,就是处在同一个具体的社会环境之中。在这个具体的社会环境中,对一些有歧义的词句,只能做单一的理解。比如:

(1)杜鹃

A 在朋友的阳台,面对一盆杜鹃花时,指"杜鹃花"。

B 在南方的田野上,聆听子规鸟的鸣叫时,指"杜鹃鸟"。

(2)shī zi

A 在动物园的狮虎山,指"狮子"。

B 在肮脏简陋的农村小旅舍,指"虱子"。

(3)大油饼

A 在早点铺,指"油饼"亦称"馃子饼"。

B 在家居厨房,指"用大油(即猪油)烙的饼"。

有时,对于一般人来说,一句本身并无歧义的话,在某种特殊的社会情境中,对于个别人来说,却使他产生特殊的理解,造成误解,甚至酿成悲剧。例如《三国演义》第四回,写曹操刺杀董卓未成,后与陈宫一起逃亡到成皋,住宿在吕伯奢家。吕伯奢前去沽酒,让儿子和家丁杀猪招待。曹操听到隔壁有人小声说话:"缚而杀之,何如?"曹操大惊,"拔剑直入,不问男女,皆杀之,一连杀死八口"。一直"搜至厨房,却见缚一猪欲杀",才知道这是误杀好人。这就是"说者无心,听者有意"。

四、歧义的识别和防范

首先请看以下几则材料:

1. 有卖木器者,有事出门,着妇守店。一人来买床,因价少色潮,争至良久,勉强卖与。次日又来买凳,夫人急怒曰:"你昨日在床上,已经占了我的便宜,今日又想在凳上来占我的便宜!"(石成金《笑得

好》)

2. 刘鬓二子,俱登进士。……次媳入京,公适卧疾,呼至床前,而以手拍枕曰:"老年头畏风,速买一帕寄会。"明日登程,诸亲毕会,忽又呼媳曰:"勿忘昨夜枕上之嘱。"众大骇然。问其故,乃抚掌。(冯梦龙《雅谑》)

这两个例子都是因词语的多义性而造成听者的误解。例1"占便宜"意为:用不正当的方法,取得额外的利益,表现在政治、经济、异性关系等多个方面。因对话双方是异性,又涉及"床上""凳上",旁听者自然把"占便宜"理解为"调戏";但置于木器商店的实际语境中,老板娘所说的指经济上"占便宜"是确定无疑的。例2对话双方是公公和儿媳,"昨夜枕上"被听者误解为"昨夜同床共枕",所以引起"众大骇然"。以上两例都由于说话人(老板娘、老公公)情急之中说话不得体,而引发歧义,所以构成了笑话式的幽默。①

3. 已经取得大专学历的和尚未取得大专学历的干部,都一律分批进行微机技能培训。
4. 市长盖宽和女儿结婚不收礼(南方某省地方报纸标题)

例3"尚未"前面是连词"和",二者相连,极易令人读为"已经取得大专学历的和尚/未取得大专学历的干部"。如果把连词"和"改为"与",或删去"尚",则消除了可能发生的歧义。例4的问题在于,当地读者知道"盖宽和"是人名,但是对于外地读者来说,很可能认为"盖宽"是市长的名字,那么就出现了"市长盖宽/ 和女儿结婚"的歧

---

① 详见谭汝为《词语修辞与文化》第201页,天津古籍出版社,1998。

第九章　歧义

义误解。其实,这个问题并不难以解决,在"市长盖宽和"的后面加上一个结构助词"的",一切歧义误解都消除殆尽了。

下面几句话都可能引起歧义,造成歧解。读者可以尝试分别分析其歧义之所在,并找出化解歧义、消除歧解的方法。

1. 那个权倾一方的原泰安市市委书记胡建学就得意忘形地说:"到我们这一级别的干部就没人管了。"(王巧丽《关于高官腐败的对话》)
2. 去年是新中国成立35周年大庆,我家也来了不少法籍华人、美籍华人、华籍美人、美籍美人的贵宾。(黄宗江《大忙大闲》)
3. 为革命老人送戏上门
4. 回忆恩师谈往事
5. 没有必要的批评是害人的
6. 投打喂食动物的人罚款20元
7. 这是一个农民办的夜校

第十章　汉语修辞性语义

汉语是汉民族长期使用的交际工具和思维工具。汉语这个符号系统包括语音（物质外壳）、词汇（建筑材料）、语法（结构规则）、文字（书写符号）这几个要素。其中，最为活跃、最能体现语言文化特征的就是词汇。汉语具有极其丰富的语汇，它的形成、发展、搭配、组合乃至应用，都牢牢扎根于特定的汉文化环境之中，在结构方式和语义表达上具有鲜明的民族文化特征。本章从修辞角度入手，就比喻、具象、骈偶、象征、夸饰、韵律等六个方面，对汉语词语的修辞性语义进行描写和阐释。

一、词语的比喻义

自然现象是人类共同的认知对象，不同的民族在面对某种事物而产生的联想，有时是大体相同的。例如：汉语说"雷鸣般的掌声"，英语则说"a thunder of applause"；汉语说"迅雷不及掩耳"，英语则说"at lightning speed"；汉语说"顺水推舟"，英语则说"push the boat with the current"；汉语说"水中捞月"，英语则说"fish up the moon in the water"等等。但是，这种具有大致相同性质的比喻，在语言中所占

第十章 汉语修辞性语义

的比例并不大。由于民俗文化的差异,不同民族运用的比喻往往呈现出明显的迥异。对于同一个事物,不同的民族会用不同的比喻材料来比方。例如比喻事物大量涌现,汉语用"雨后春笋",而俄语则用"雨后的蘑菇";比喻事出有因,汉语用"无风不起浪",而俄语则用"无风不生烟";比喻在一个人失势或遭难时,许多人便趁势欺侮他,汉语俗语用"墙倒众人推,破鼓乱人捶",而阿拉伯俗语则用"牛倒众人宰";汉语俗语用"死猪不怕开水烫",而阿拉伯俗语则用"死羊不怕剥皮痛"等等。

汉语用来打比方的喻体,其事物本身往往不是物理世界的客观存在物,而是出于崇拜或想象出来的神话动物、人物或事物,例如:"龙""凤凰""麒麟""鲲鹏""雷公""夜叉""狐狸精""龙王爷""阎王爷""照妖镜""金箍棒"等等。许多比喻性的汉语成语,其字面的表层义往往是夸张的,甚至带有荒诞的意味,例如"握蛇骑虎""煮鹤焚琴""削足适履""以珠弹雀""掩耳盗铃""掘室求鼠""膝痒搔背""剜肉补疮"等,在正常人的现实生活中是根本不可能发生的;但是,这些成语却形象地表现出深层的含义,闪烁着睿智和哲理的光辉;人们之所以乐于接受并使用,因为它鲜明地体现出语义的民族特色。

中国人在表情达意或叙事说理时,喜欢借用比喻来增强形象性、生动性和趣味性。例如形容做起来不费力的事情,多用比喻的方法,例如"易如反掌""如运诸掌""举手之劳""如汤泼雪""如拾地芥""探囊取物""垂手而得""唾手而得""不费吹灰之力"等等。形容很熟悉的、很容易办的事情,用"轻车熟路""驾轻就熟";形容条件具备、时机成熟,事情很容易办成,用"瓜熟蒂落""水到渠成"。反之,由于违反了客观规律,方法不对头,就会导致徒劳无功,人们就会用"隔靴搔痒""挑雪填井""炊沙做饭""画蛇添足""刻舟求剑""守株待兔"等成语来形容,也是用比喻来说的。

汉语有一种比喻性的谚语,形成前后并列的两个句式。用来比喻的喻体句式和显示本意的本体句式前后对照呼应,达到形象化和哲理性的统一,通俗易懂,富有表现力。喻体居前,本体在后的谚语比较多见,例如:

岁寒知松柏,危难见人心
煮饭要放米,说话要讲理
蚂蟥怕烟屎,坏人怕揭底
灯不拨不亮,理不辩不明
真金不怕火炼,英雄不怕考验
一个篱笆三个桩,一个好汉三个帮
长江后浪推前浪,世上新人继旧人
良药苦口利于病,忠言逆耳利于行

本体居前,喻体在后的谚语比较少见,例如:

人挪活,树挪死
人闲就得病,石闲就生苔
人无头不走,鸟无头不飞
同人不同命,同伞不同柄

在汉语口语里,人们在褒贬评价某个人物的某种状况或言行时,一般说来,不喜欢做道德或功利的直接评价,而习惯于用比喻方法,用人们熟悉的歇后语的省略形式来曲折地表达爱憎褒贬。例如:

竹篮打水(省略了本意"一场空")

狗拿耗子(省略了本意"多管闲事")
兔子尾巴(省略了本意"长不了")
小葱拌豆腐(省略了本意"一清二白")
泥菩萨过江(省略了本意"自身难保")
肉包子打狗(省略了本意"一去不回头")
王八吃秤砣(省略了本意"铁了心了")
夜猫子进宅(省略了本意"没事儿不来")
茶壶里煮饺子(省略了本意"心里有数")
黄鼠狼给鸡拜年(省略了本意"没安好心")

或者直接用比喻型的俗语,去进行生动的表达,例如:

杀鸡给猴看　　　　　活鱼摔死了卖
官盐当私盐卖　　　　脱了裤子放屁
生米煮成熟饭　　　　鸡蛋里挑骨头
放着河水不洗船　　　拉不出屎赖茅房
眼睛里不揉沙子　　　饿死的骆驼比马大
癞蛤蟆想吃天鹅肉　　煮熟了的鸭子飞了
牵着不走,打着倒退　吃着碗里,看着锅里
是骡子是马,拉出来遛遛

这些比喻型的歇后语或俗语,具有口语性、幽默感和形象化的特点,广泛地运用于口头交谈之中,使用频率极高。

二、词语的具象性语义

汉民俗思维方式具有形象思维的特点,人们对视觉性强、富于形象色彩的事物怀有情有独钟的敏感。这就形成了汉语造词的一个突出特点——乐于以具体实在、表象丰满的客观事物,作为蕴含着丰富内涵的词义的外形。例如,称极度吝啬的人为"铁公鸡",甚至给这种类型的性格凑成了合辙押韵的一组词语,形成了"一毛不拔"者荟萃的词族——"瓷公鸡""铁仙鹤""玻璃老鼠""琉璃猫"。称心地善良、待人宽和的人,为"菩萨心肠";而居心险恶、为人歹毒的人,则被称为"毒蝎心肠""狼子野心"。"行云流水"是比喻自然不拘束,含褒义;"落花流水"则是比喻惨败,含贬义;在这两个成语里,同样一个"流水",却表达迥然不同的意思,褒贬色彩也截然相反。"八字没一撇"指事情还没有开始;"照猫画虎""照方吃药""照葫芦画瓢"是比喻亦步亦趋,照抄照搬;"墙头草""脚踩两只船""一面儿两吃着""坐山观虎斗",这四个词语都形象化地刻画出面对针锋相对的双方而采取的圆滑态度,呈现出层递的贬义,但有程度上的区别。

具有形象色彩的词语,多数是由构造词语中的形象成分产生的,例如:

垂柳、飞天、流萤、闪电、碧空、墨菊、白鹭、黄鹂、翠湖、彩虹、塔松、火鸡、柳腰、鹅卵石、象鼻山、摩天岭、一线天、金字塔、美人鱼、西子湖、凤凰台、望夫石、蝙蝠衫、鸡冠花、金钱豹、水蛇腰、蝴蝶结、山羊胡、蘑菇云、笑面虎、攀枝花在现代汉语中，凡是广泛流行的，大多是形象感强的词语，我们可以从感觉体验方面对具象性词语进行具体的分析，例如：

种类	特点	例证
视觉形象感	以视觉认识为基础，由词语所反映的巩固在词语形式中的，具有某种看得见的形象性的特征。就是俗语说的"如见其人""有浮雕感"等。	向日葵、猫头鹰、凤尾竹、美人蕉、鸡冠花、滚雪球、捧腹大笑、拍案而起、穿连裆裤、九牛一毛、胡子拉碴、胁肩谄笑、豆腐渣工程、一个鼻孔出气、一瓶子不满,半瓶子晃荡
听觉形象感	以听觉体验为基础，由象声词、感叹词等相应词语来诱发一种听觉形象感，就是俗语说的"如闻其声"。	嗡嗡响、嘻嘻哈哈、稀里哗啦、呱呱坠地、穷得丁当响、响当当的左派、肚子饿得咕咕叫、狗撵鸭子呱呱叫
嗅觉形象感	以嗅觉体验为基础，由相应词语加以形象地表达，而又形象地再现的作用于嗅觉感官的一种形象感觉。	香喷喷、香饽饽、臭烘烘、腥乎乎、臭名昭著、臭名远扬、墙里开花墙外香、顶风臭八百里
味觉形象感	以味觉体验为基础，由相应词语加以形象地再现的作用于人的味觉感官的一种形象感觉。	甘甜、苦涩、甜丝丝、酸溜溜、辣乎乎、嘴甜心苦、甜言蜜语、酸甜苦辣、苦不堪言、甜蜜的事业、吃香的喝辣的
触觉形象感	以触觉体验为基础，由相应词语加以形象地表达，而又形象地诱发出作用于人的触觉感官的一种形象感。	软绵绵、硬邦邦、凉丝丝、冷飕飕、滑溜溜、热气腾腾、冰凉梆硬、软磨硬泡、冷水浇头、如被冰雪、话糙理不糙、热锅上的蚂蚁、吃软不吃硬

中国人在对人物、事物进行叙述描写或褒贬评价时，往往在对它们认知表述的言语过程中，选用生动的具象性语汇，并融进了自己丰富而强烈的情感因素。例如当我们用鄙夷的目光射向那些欺上瞒下的奸佞之徒，描绘其丑恶嘴脸时，一些贬义的习用语会联翩而至，例如"吹喇叭""抬轿子""拍马屁""捧臭脚""灌米汤""戴高帽""穿

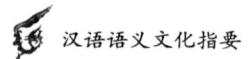汉语语义文化指要

小鞋""揪辫子""打闷棍""打棍子""扣帽子"等等。

三、词语的骈偶化语义

汉民俗崇尚对称和谐,喜欢成双配对,在建筑格局、家什摆设、工艺结构、礼俗仪式等方面,都乐于选取偶骊对称、两两相对的形式。天安门前的华表、宫殿庙宇的格局、大门口的石狮子、陵墓甬道站立的石头翁仲、老式家居厅堂条案上的摆设等,都是崇尚对称和谐的典型例证。这种民俗心理在汉语词汇中当然也有典型的反映。汉语词汇就经历了从单音词向双音词过渡演变的历史过程。另外,几乎每一个汉语四字格成语的形成定型,也都经历了把原始词语进行或缩略或扩展,使之成为四字格的过程。例如:

虽鞭之长,不及马腹→鞭长莫及
仁者见仁,智者见智→见仁见智
世尊拈花,迦叶微笑→拈花微笑
亲厚者所痛,见仇者所快→亲痛仇快

我们在日常说话遣词造句时,习惯性地喜欢采用骈偶的词语,例如:

人高—马大,兵多—将广,东张—西望,张家长—李家短,
走东家—串西家,上刀山—下火海,神不知—鬼不觉,
不显山—不露水,人挪活—树挪死,前怕狼—后怕虎,
千不该—万不该,鸡一嘴—鸭一嘴,早也盼—晚也盼,

哭不得—笑不得,天不怕—地不怕,吃一堑—长一智,
上天无路—入地无门,比上不足—比下有余,
前不着村—后不着店,远日无冤—近日无愁,
叫天天不应—叫地地不灵等等。

在以对偶为美的民俗审美观念的影响下,人们说话写作乐于讲求骈偶。《文心雕龙·丽辞》云:"造化赋形,支体必双,神理为用,事不孤立。夫心生文辞,运裁百虑,高下相须,自然成对。唐虞之世,辞未极文,而皋陶赞云:'罪疑惟轻,功疑惟重。'益陈谟云:'满招损,谦受益。'岂营丽辞,率然对尔。"这就是说,汉民族自古以来就喜欢采用骈偶的语言形式表现思想感情。因而对偶格式的成语、俗语和谚语都为数不少。先说对偶格式的成语,例如表示并列关系的对偶式成语:

流水不腐,户枢不蠹　　四体不勤,五谷不分
同声相应,同气相求　　不塞不流,不止不行
十年树木,百年树人　　以眼还眼,以牙还牙
日月经天,江河行地　　无源之水,无本之木
取之不尽,用之不竭　　千部一腔,千人一面
为渊驱鱼,为丛驱雀　　言者无罪,闻者足戒

另外,还有表示转折关系的对偶式固定语,例如:

成事不足,败事有余　　落花有意,流水无情
道高一尺,魔高一丈　　兼听则明,偏听则暗
江山易改,秉性难移　　树高千丈,落叶归根

旁观者清,当事者迷　　以其昏昏,使人昭昭
人为刀俎,我为鱼肉　　窃钩者诛,窃国者侯
下笔千言,离题万里　　金玉其外,败絮其中

对偶式的俗语和对偶式的谚语,数量也很多,例如:

刀子嘴,豆腐心　　　　　　眼中钉,肉中刺
旗开得胜,马到成功　　　　男大当婚,女大当嫁
旧的不去,新的不来　　　　兵来将挡,水来土囤
靠山吃山,靠水吃水　　　　逢山开路,遇水搭桥
眼见为实,耳听为虚　　　　打人别打脸,骂人莫揭短
先下手为强,后下手遭殃　　由俭入奢易,由奢入俭难
若要人不知,除非己莫为　　不受苦中苦,难得甜上甜
种牡丹得花,种蒺藜得刺　　人往高处走,水往低处流
路遥知马力,日久见人心　　少壮不努力,老大徒伤悲
病来如山倒,病去如抽丝
天有不测风云,人有旦夕祸福
宁吃鲜桃一口,不吃烂杏半筐
良言一句三春暖,恶语伤人六月寒
车到山前必有路,船到桥头自然直
害人之心不可有,防人之心不可无

　　对偶的运用使俗语的句式整齐,对照鲜明,意义深刻。总之,在日常生活中,比如在我们阅读报刊、收听广播、欣赏影视剧、翻阅广告或说话写作时,都可以感受到对偶词语的存在。

四、词语的象征性语义

汉语一些词语,因文化传统和民俗文化心理引发的联想而产生了象征意义。比如:

乌鸦→不吉利,猪→肮脏、愚蠢、笨拙,
桃花→美女,狐狸→狡黠、妖媚,莲花→洁净,
喜鹊→喜讯,清风→廉洁,菊花→高洁等。

在汉民俗中,"长寿"是人们十分重视的愿望,譬如流传最广的吉祥语中"福寿双全""福禄寿三星高照""福禄寿财喜"等都无一不包含着"长寿"。中国人除了用"高寿""永年""长命百岁""长生不老""延年益寿""千秋万岁""健康长寿""人寿年丰""万寿无疆"等词语表达祝愿之外,还喜欢用带有民俗文化象征义的词语来表示"长寿"的语义。例如庆吉祝寿的楹联"福如东海长流水,寿比南山不老松"和经常被挂在中堂的"松鹤延年图"都是人们熟知的。其中巍峨坚固的"南山"和生命力顽强的"松",都是"长寿"的象征。

除了"松"之外,"桃""椿""菊花""茱萸""寿木"等植物,也都是"长寿"的象征。把"桃"和"长寿"连在一起,源于西王母的瑶池蟠桃寿筵,还有麻姑献寿的神话。因为吃了西王母的蟠桃就可以长生不老,所以中国民俗以桃献寿,称为"寿桃"。如祝寿时没有鲜桃,民俗则以面桃代替。《庄子·逍遥游》说:"上古有大椿者,以八千岁为春,八千岁为秋。"因而人们就用"椿年""椿龄""椿岁"为祝福长寿之词。例如民间贺寿春联有"椿树千寻碧,蟠桃几度红"。屈原的《离骚》有

"夕餐秋菊之落英"的句子,因为古代民俗认为常吃菊花可以长寿。菊花在古代被称为"寿客",民俗称之为"长寿花"。中国人夏天喝菊花茶,秋天饮菊花酒,都是取延年益寿之意。"茱萸"这种野生植物之所以名扬四海,是因为它和九九重阳紧密地联系在一起。古时民俗每逢重阳佳节,至友亲朋三五成群,佩戴茱萸,登高饮菊酒,赏菊花。佩戴茱萸是为了驱邪益寿。近年,重阳节被命名为"老年节",菊花与茱萸所含蕴的"长寿"象征义就更为明显了。

含有"长寿"象征义的还有"龟""鹤"等动物。"龟"是寿命很长的一种动物,民俗有"千年王八万年龟"的说法。三国曹操有名诗《龟虽寿》;晋代郭璞的《游仙诗》也有"借问蜉蝣辈,宁知龟鹤年"的诗句。李善在《文选》为这句诗作注曰:"龟鹤寿有千百之数,性寿之物也。"在表达长寿之意时,可用"龟年""龟龄""龟寿"等词语。鹤能生活数十年,是一种比较长寿的鸟类,再加上它翩翩云汉远骞高翔的飞行特征,加上道教故事的影响,因而诸如"仙人驾鹤飞行""成仙的人可以化为鹤""仙鹤也可以化为人"等民俗传说广为流传。"鹤仙""鹤龄""鹤寿""鹤算"等词语已成为"长寿"的别称。表长寿的象征性词语还可以排列组合成平列式的词语,例如:

"松"+"鹤"——松鹤延年、松鹤遐龄、松鹤同长
"龟"+"鹤"——龟年鹤寿、龟龄鹤算、龟鹤遐龄、龟鹤延年
"松"+"椿"——寿比松椿、松椿长寿

"彭祖""松乔"等传说中的人物,也是长寿的代名词。传说彭祖活到 800 岁,是中国古代令人艳羡的老寿星。"松乔"是传说中的仙人赤松子和王子乔的合称。因二人修炼成仙,寿命遐长,所以可代指"长寿",如"松乔之寿""松乔遐龄""寿同松乔"等等。

第十章 汉语修辞性语义

我们所说的词语的文化象征义,有两个特点,一是用生动具体、可以感知的事物象征抽象的意义,二是用客观事物象征主观心理和情绪。例如上文所说的以"松椿""龟鹤"象征长寿,另以"松菊""红梅"象征高洁,以"美人香草"象征理想等等。一些词语由于古今人们反复使用,已经有了公认的固定的民俗文化象征义,如:

东篱——象征远离尘俗,高洁的品格;
蓬山——象征令人神往的仙境;
新亭——象征忧国伤时的悲愤之情;
桃源——象征脱离尘世的虚幻理想;
南浦、长亭、灞桥、阳关——象征送别;
莼鲈——象征思乡之情;
长门——象征遭冷遇嫔妃的不尽愁怨;
青楼——象征舞榭歌台寻欢作乐的生活;
杜鹃——象征深切的悲哀;
青鸟——象征爱情的使者;
鱼雁——象征远方来信;
豆蔻——象征青春年华;
红豆——象征纯真的爱情;
吴钩——象征杀敌报国的豪迈志向;
秋扇——象征被遗弃妇女的悲愁;
萤雪——象征刻苦读书的经历。

当代著名诗人艾青说:"象征是事物影射,是事物相互间的借喻,是真理的暗示与譬比。"词语的民俗文化象征义是深深植根于民族的传统文化中的,尽管它引而不发,却蕴含着极大的诱发力。有一

165

定文化修养和人生阅历的人,当看到某一个特殊的词语时,就犹如条件反射般地展开由此及彼的联想,几乎毫不费力地可以把握隐藏在表层义之内的深层象征义。譬如屈原笔下的"丹橘",陶潜笔下的"采菊",李白笔下的"大鹏",杜甫笔下的"骏马",白居易笔下的"宝剑",李商隐笔下的"鸣蝉",陆游笔下的"驿梅",郭沫若笔下的"雷电",茅盾笔下的"白杨",陶铸笔下的"松树",巴金笔下的"灯光"等等;这些带有强烈的个人色彩的象征词语,因得到广大读者的普遍理解和使用,基本上已经转化为公认的象征义了。

五、词语的夸饰性语义

受民俗文化影响,汉语在描摹或评价人物或事物时,为了抒发强烈的情感,或者进行刻意的强调,往往喜欢使用夸饰的手段来达到其特定的修辞效果。例如以下描写性的成语:

一身是胆(极言胆量大)

一日千里(极言进展神速)

一目十行(极言看书看得快)

一手遮天(极言仗势独裁,霸道无忌)

一泻千里(极言直线下降,势头很猛)

七窍生烟(极言气愤)

柔肠寸断(极言伤心)

体无完肤(极言周身布满创伤)

炙手可热(极言权势极盛,气焰炽烈)

翻江倒海(极言声势浩大)

第十章 汉语修辞性语义

垂涎三尺（极言非常贪婪的样子）
撼地摇天（极言力量壮大）
怒发冲冠（极言愤怒到了顶点）
擢发难数（极言难以数清某人的罪行）
气吞山河（极言气魄很大）
擢发抽肠（极言自引罪责，表示悔恨）
气冲斗牛（极言气魄很大）
目眦尽裂（极言气愤到了极点）
响遏行云（极言声音高亢响亮）
目不交睫（极言长夜不眠）
天花乱坠（极言假话说得极其动听）
万箭攒心（极言内心痛苦）
穿云裂石（极言声音高亢嘹亮）
汗牛充栋（极言藏书多）
流血漂卤（极言战争中死人很多）
扪参历井（极言道路高峻险阻）
众口铄金（极言舆论力量大）
敲骨吸髓（极言残酷的压榨盘剥）
日诵五车（极言每天看书很多）

这些成语都带有夸张的色彩，只是夸张手法潜伏在成语的既定意义之中，常常被人习焉不察罢了。运用夸张修辞的谚语也不少见，例如：

浑身是嘴也说不清（极言难以自我辩解）；
一锥子扎不出血来（极言反应迟钝笨拙）；

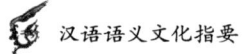
汉语语义文化指要

三人一条心,黄土变成金(极言团结一致的收效);

笑一笑,十年少;愁一愁,白了头(极言乐观使人年轻,愁苦令人衰老)。

这些夸张的言辞强调了或褒或贬的意义内涵,给人留下深刻的印象。

六、词语的韵律感

许多四字格固定语读起来,抑扬顿挫,琅琅上口,具有语音上的美感;从语音修辞上分析是平仄相调之使然,如:

1. 平平仄仄式　例如:

风调雨顺　深谋远虑　神出鬼没　千丝万缕
文从字顺　轻而易举　离乡背井　急风暴雨
蒸蒸日上　泥牛入海　石沉大海　行尸走肉
杀鸡取卵　如雷贯耳

2. 仄仄平平式　例如:

火树银花　顺手牵羊　吐故纳新　藕断丝连
口是心非　病入膏肓　鹬蚌相争　万紫千红
耀武扬威　卷土重来　放浪形骸　博古通今
水火无情　似是而非

3. 平仄平仄式 例如：

惟妙惟肖　汹涌澎湃　不见经传　重见天日
门户之见　秦晋之好　孤注一掷　肝胆相照
肝脑涂地　隔岸观火　积毁销骨　兵贵神速
临渴掘井　亲痛仇快

4. 仄平仄平式 例如：

蔚为大观　闭门造车　驾轻就熟　眼高手低
眼高手低　步人后尘　聚精会神　品头论足
举一反三　叶公好龙　玉石俱焚　滚瓜烂熟
嗤之以鼻　改弦易辙

另外，有一些成语通过音素的结合而形成声韵的复沓，如：
1. 双声式 例如：

踌躇满志　利令智昏　参差不齐　逆来顺受
淋漓尽致　高歌猛进　秣马厉兵　牛鬼蛇神
生灵涂炭　感恩戴德　八面玲珑　雄心壮志
琳琅满目　斑驳陆离

2. 叠韵式 例如：

蹉跎岁月　风声鹤唳　鹏程万里　含辛茹苦
触目惊心　延年益寿　虚无缥缈　孤苦伶仃

销声匿迹 道貌岸然 户枢不蠹 惨淡经营
冠冕堂皇 欢天喜地

3. 重言式 例如：

栩栩如生 娓娓动听 喋喋不休 津津乐道
靡靡之音 跃跃欲试 丝丝入扣 忧心忡忡
大名鼎鼎 小心翼翼 信誓旦旦 众目睽睽
不过尔尔 衣冠楚楚 卿卿我我 唯唯诺诺
熙熙攘攘 兢兢业业 期期艾艾 浑浑噩噩

另外，句末押韵的俗语和谚语也很多见，例如：

嘴上没毛，办事不牢
当断不断，反受其乱
上有天堂，下有苏杭
小洞不补，大洞吃苦
一物降一物，卤水点豆腐
生土变熟土，一亩变两亩
庄稼一枝花，全靠肥当家
种田不上粪，等于瞎胡混
刀不磨就生锈，水不流要发臭
要想人前显贵，就得人后受罪
衙门口朝南开，有理没钱别进来
天上下雨地下滑，自己跌倒自己爬
早穿皮袄午穿纱，怀抱火炉吃西瓜

第十章　汉语修辞性语义

天上下雨地下流,小两口打架不记仇
　　　·　　　　　　　·

这些俗语或谚语读来顺口,易读易记,便于人们传诵。

第十一章 汉语语义传统要素例释

一、说"荆"道"楚"

"荆"和"楚"是同一种灌木的不同名称。这"异名同实"的二者，也有细微的区别，就是——"荆"是这种灌木的雌株，"楚"是这种灌木的雄株。春秋战国时期，地处南方的楚国旧称"荆国"，中原地区的国家有时称其为"楚"或"荆"，或称之为"荆楚""楚荆"，或蔑称之为"荆蛮"。这也证明了"荆""楚"二者的异名同实。

"荆""楚"在山野丛生，阻塞行路，因此用"荆棘"比喻前进路上的障碍和困难；"披荆斩棘"就是克服困难前进。"楚"是雄性灌木，春天时盛开青紫色的穗状小花，重重叠叠，整齐而鲜明，故"楚楚"表示鲜明整洁的意思，如"楚楚动人""楚楚可怜"形容年轻女子的娇弱可爱；"衣冠楚楚"形容人的穿戴整齐漂亮，原为褒义，后因词义的转移，今多用于贬义。"翘楚"原指高出众薪的荆木，后喻指杰出的人才。

古人常用"荆""楚"制成鞭打犯人的刑杖。"负荆请罪"就是背着荆条，向人赔罪，请求对方惩罚自己。"捶楚"则是古代刑杖的通称。"楚毒"泛指苦刑，"楚掠""楚挞"指拷打。由此"楚"引申为痛苦，如

"苦楚""痛楚""酸楚""凄楚""楚恻"等皆为悲痛之意。

东汉时梁鸿孟光夫妇隐居避世,孟光用荆枝作钗,用粗布制裙,后人便用"荆钗布裙"泛指贫家妇女的俭朴生活。由此,"荆"又产生了"贫寒"的意思——"荆室"指贫寒人家,"荆妻"指贫寒人家的老婆。"荆"又成为对自己妻子的谦称——"拙荆"意为"我那笨拙的老婆","山荆"则意为"我那生长于山野乡村,没有见过世面的夫人"。

二、说"坐"道"席"

上古时代,没有凳子椅子之类坐具,人们习惯于席地而坐。就是铺席于地,跪坐其上,臀部压在脚跟上。这样的坐和跪很相近,只是腰肢不伸直——腰肢伸直是跪,臀部压下是坐。席地而坐的人,起身之前必先跪。古书上称为"长跪",或称为"跽",都是挺直了上身而跪,是一种庄重恭敬的表示。如果两脚和臀部同时着席,两膝上耸,便称为"踞"或"踞坐";如果两脚再向前伸展,以手着膝,形如簸箕,便称为"箕踞"或"箕坐"。"踞"和"箕踞",都是一种轻慢的态度。魏晋南北朝后,高座家具传入,席地而坐渐为垂足坐(坐在椅凳上,双脚着地)所取代。

"席"是编织成的铺垫用具,铺在室内供人坐卧其上。人们登堂入室必先脱鞋,然后席地而坐。席的长短不一,长的可坐数人,短的仅坐一人。一般席铺两层,铺在下面用竹篾编织的席叫"筵",覆在上面用草本植物编织的席叫"席"。筵比席略长,二者统称"筵席"。古人饮食宴会都在席上,所以引申出"酒筵""酒席"等词。到了近代,"筵席"泛指酒席。

古人坐席十分讲究,有"虚坐尽后,食坐尽前"的规矩——出席宴会发言时应尽量靠后坐一点儿,以避免唾液横飞;就餐时应尽量靠前坐一点儿,以防止汤汁玷污坐席——既表现对主人的尊重和恭敬,也体现自身的教养。

古人坐席有尊卑高下之分,如《史记·项羽本纪》关于"鸿门宴"坐次的记载:"项羽、项伯东向坐;亚父南向坐,亚父者,范增也;沛公北向坐;张良西向侍。"项羽居于主位,东向坐。南向为上位,坐的是项羽的父辈范增,可见范增在项羽军中地位之尊。在鸿门宴的坐席中,张良地位最低,故"西向侍"。所谓"侍",就是在主人一侧陪候。

古人席地而坐,故称坐次、席位为"席"。由此而产生了一系列"筵席典故词语",例如:站起身来暂时离开坐席,叫做"避席";对人表示尊敬,直起身子致意,但两膝仍着地,叫做"膝席";席间议论过人,使他人相形见绌,叫做"夺席";在交谈中移坐向前到别人跟前,叫做"前席";席间不辞而去,叫做"逃席";朋友绝交,叫做"割席"等。成语"席上之珍"比喻至美的义理或人才。"席珍待聘"意为怀才待用。"席不暇暖"形容奔走忙碌,没有坐定的时候。"席地幕天"以地为席,以天为幕,形容胸襟旷达。

现在,人们普遍使用椅凳沙发一类坐具了,但仍习惯于用"席"来代表座位。在正式的会议场合,参加者中有发言权和表决权的为"出席",有发言权而无表决权的为"列席",没到叫"缺席"。"主席"本指主持会议的人,后引申为国家、党派或团体的最高领导职位的名称。"首席"本指最高的席位,后引申为职位最高的,如首席代表、首席执行官等。"末席"是席位最卑的。火车座位也有软硬之分,设备较好的为"软席",设备比较简单的为"硬席"。

三、说"无恙"

毛泽东《水调歌头·游泳》中有"神女应无恙,当惊世界殊"的句子,广为人们所熟知。"无恙"在这里是"健在"的意思。

"无恙"这个词是古代彼此相见或书信往来时,使用频率很高的一个问候语。"安然无恙"是说没受损伤或没发生意外。"别来无恙"是说分别之后没有疾病,大致相当于今天的"安好""平安""健康"的意思。《战国策·赵威后问齐使》,写赵威后接见齐国使者时问道:"岁亦无恙耶?民亦无恙耶?王亦无恙耶?"译成现代汉语,就是连续三个问候:齐国今年的收成好吗?齐国老百姓的生活好吗?齐王的身体好吗?

在古代传说中,"恙"是一种吃人的毒虫。《易传》记载,上古时人们草居露宿,"恙"这种凶恶的毒虫就"入人腹食人心"。人们都担心受到"恙"的伤害,所以彼此见面时,就相互关切地询问:"无恙?"意为:您挺好的,没有受到"恙"的侵害吧?

"恙"宛如毒蛇猛兽,人们唯恐避之不及,所以"恙"这个词被引申为"忧虑",《史记·平津侯主父列传》:"君不幸罹霜露之病,何恙不已?"意为:您染上了疾病,但并不是致命的病患,您又何必忧虑这病不会好呢?

在"忧虑"的词义基础上,"恙"又引申为"疾病"。秦观《答文潜病中见寄》诗:"君其专精神,微恙不足论。"意为:您不必担心,还是专心疗养吧,这点小病不值一提。"恙"是书面语,疾病的意思,有病为"有恙";小病为"微恙";心病曰"心恙";风疾曰"风恙";别人有病,敬称"贵恙";自己有病,谦称"贱恙"。

"恙"这个词义,从"害虫"这个原始义(本义),引申为"忧虑",后进一步引申为"疾病"。"无恙"这个词义,从"没有遇到害虫侵袭"这个原始义(本义),引申为"没有忧患",进一步引申为"没有疾病",最终成为对人健康状况表示关怀的问候语。

四、说"牺牲"

在古汉语里,"牺"和"牲"是两个名词性语素。"牺"指宰杀后供宗庙祭祀用的毛色纯正的牲畜。《尚书》:"今殷民乃攘窃神祇之牺牷牲。"意为:现在殷地的老百姓盗窃祭祀的牲畜贡品。"牲"泛指宰杀后供祭祀和食用的牲畜。《周礼》:"食用六谷,膳用六牲"。所谓"六牲",就是"六畜",即《三字经》所说的"马牛羊,鸡犬豕,此六畜,人所饲。"郑玄注释《周礼》说:"六畜,六牲也。始养之曰畜,将用之曰牲。"这个注释指明了"畜"和"牲"的区别:牲畜在饲养时叫"畜",而将被宰杀以供祭祀和食用时叫"牲"。其实,具体的六畜和人的关系也并不相同,马为交通工具可负重致远,牛是农业生产的重要工具,犬可看门守夜,三者与人的关系更为密切。至于猪、羊和鸡,则主要供人作为肉食的原料。当然牛肉和狗肉也可供食用,但马肉是不能吃的。六畜中可供食用的牛、羊、猪、狗、鸡被称为五牲,其中用于祭祀的牛、羊、猪最为重要,被称为三牲。

"牺""牲"两个语素合成一个词,在古代指为祭祀而宰杀的纯色全体(即保持整体不予分割)的牲畜,就是宰杀之后的整牛、整羊和整猪。《左传·曹刿论战》中郑庄公说:"牺牲玉帛,弗敢加也,必以信。"意为:祭祀用的牛羊猪、玉器丝绸,我不敢以少报多,必定向神灵和祖先说实话。《三国演义》三十六回,当军师徐庶因母亲被曹操因禁而被迫离开主公刘备之前,向刘备举荐诸葛亮。徐庶亲自跑到诸葛亮那里进行劝说落实。诸葛亮听了徐庶的话,很不高兴地说:"君以我为享祭之牺牲乎?"意为:你徐庶是把我当成供祭祀的牛羊猪了吧?

为了祭祀祖先和神灵,人们宰杀了牛羊猪,用"牺牲"来表示对祖先神灵的虔诚和敬畏,这种举动在古人看来是为了神灵(实际是一种信仰)而舍弃、捐弃重要财物的一种崇高的行为。后把"牺牲"这个词引申成——为了正义的事业和伟大的目标而舍弃生命,如:"流血牺牲""为国牺牲"等。也指为国为公而舍弃财物、时间或利益,如"牺牲休息时间抢修机车""顾全大局,不惜牺牲局部的利益"等。应着重说明,古汉语的"牺牲"是名词,而引申为现代新义之后,"牺牲"的词性就演变为动词了。

五、说"借光"

在现代汉语中,"借光"是客套话,常用于向别人询问或请别人给自己方便的谦辞。其词源理据一般认为出自汉人匡衡"凿壁"、晋人车胤"囊萤"、南朝刘宋人孙康"映雪"的典故。在农耕社会,古人刻苦攻读一般都安排在夜间,所谓"挑灯夜读""秉烛读经"是也。但贫寒子弟无钱买蜡打油,点不起灯,他们为了得到灯光坚持夜读而煞费苦心——匡衡幼时在自家墙上凿洞,利用邻家灯光苦读;车胤白天到野外捉萤火虫放入口袋,在夜间凭借这微弱的亮光发奋读书;孙康在冬天利用雪地反射的光亮坚持夜读。三位古人各自"借光"夜读,后"借光"就成为刻苦读书的典故。王实甫《西厢记》第一本:"投至得云路鹏程九万里,先受了雪窗萤火二十年。"鲁迅《且介亭杂文·

难行和不信》:"一个说要用功,古时候曾有'囊萤照读''凿壁偷光'的志士。"

其实"借光"的原始出处并不止于上述三个典故,《战国策·秦策二》就曾记载了贫女"借光"的故事:原先许多女子在夜间聚拢在一间大房子里纺织、做针线活,后众女商定:凡家贫买不起蜡烛的将被赶出去。一位贫女对大家说:"因买不起蜡烛,我每天早来打扫房间安置坐席。你们又何必吝惜这富余的亮光照在墙上呢?如不赶我走,让我继续在这儿做活儿,对你们又有什么妨害呢?我认为不仅对你们无害,反而有益。为什么要赶走我呢?"大家认为她说得有理,就把她留下了。这个"借光"的故事说的是分沾他人的利益、好处。清人郑板桥在《家书序》中说:"板桥诗文,最不喜求人作序。求之王公大人,既以借光为耻;求之湖海名流,必至含讥带讪。"大意是,我写诗作文不愿找人作序,如求达官贵人写序,会因攀附沾光而自感羞耻;如找名流雅士写序,必然遭到嘲讽讥笑。真真是何苦来呢!这里的"借光"就是沾光的意思。

现代汉语"借光"这个词与刻苦攻读无关,基本上还是沿用了《战国策》"贫女借光"的语义,成为用于请别人给自己方便或向别人询问的客套话,例如"借光,请让我过去""借光,地铁车站在哪儿?"等。

六、说"博士"

"博士"这个词在战国时就出现了,那时用来称誉博通古今的人。《战国策·赵策三》:"郑国北见赵王,赵王曰:'子南方之博士也。'"秦汉相承,朝廷设立诸子博士、诗赋博士、术数博士、方技博士等官职,此时的博士,为学术顾问性质的官员。汉武帝建元五年设置五经博士,专掌儒家经学传授。唐朝在最高学府——太学设国子诸博士,另外还设立了律学博士、算学博士、书学博士、医学博士等。明清两代设有国子博士、五经博士和太常博士。五经博士为孔孟诸族的世袭文官。以上各朝的博士,都是从事教学、编纂工作或兼有顾问性质的,官位不高的官衔。

我国现行的学位分为三个层次,即学士—硕士—博士。今天的"博士"指的是最高一级的学位。这种"博士"学位和古代的"博士"官职相比,性质迥然相异;但在表示"具有渊博精深学识的人"这个词义的义素上,古今还是一致的。

"博士"在古代还有另一种有趣的用法,就是对手艺人的一种敬称。自唐末五代以来,官爵泛滥成灾,卖官鬻爵之风甚盛,世人遂以官名相称为荣。因之"博士"贬值降格,演变为对从事某种技术或服务行业的市井人物的敬称,例如把卖茶的称为"茶博士",把卖酒的称为"酒博士",把磨面工称为"磨博士"等。这在宋元话本和元杂剧作品中有许多例证,兹不赘举。

旧时还有把媒人称为"花博士"的,如元杂剧《百花亭》"你撮合山花博士,休使俺没乱煞,做了鬼随邪。"写的是一位男子央求别人为自己做媒的内容。宋元话本多处引用市井俗语"春为花博士,酒是色媒人",也是以"花博士"和媒人对举的。"花博士"这个称谓的修辞,洋溢着一股诙谐趣味,令人解颐。

宋人孟元老《东京梦华录·饮食果子》:"凡店内卖下酒厨子,谓之'茶饭量酒博士'。""茶""饭""酒"在这里兼容并包,已属于餐饮业综合"博士"了。总之,这类市井"博士",虽与前面所谈的官衔和学位不同,但都是对具有某种技艺或专长的人的敬称。

七、说"睡觉"

现代人说的"睡觉",连小孩子都懂,就是进入睡眠状态了。但在古汉语里,"睡觉"的意思却是睡醒了,跟现代人的用词恰恰相反。例如唐人白居易《长恨歌》:"云鬓半偏新睡觉,花冠不整下堂来。"意为:杨贵妃刚睡醒,头上云鬓偏到一边,花冠还没整理好,就走下堂来。宋人程颢《偶成》诗:"闲来无事不从容,睡觉东窗日已红。"意为:整日闲暇,没有不从容为之的事,一觉醒来,已是红日映窗了。

原来,在古汉语里,"睡"与"觉"分别是两个词。"睡"的原始义是打瞌睡,例如"将吏被介胄而睡",意为将官们都穿着铠甲打瞌睡;"卫鞅语事良久,孝公时时睡,弗听。"意为:卫鞅不停地陈说自己的主张,可穆公却常常打瞌睡,根本就没听见。这里的"睡"都是打瞌睡,绝非躺在床上睡觉的意思。至于"睡"表示睡觉、睡着的意思,是后起的意义。"觉"有两音,读 jué 音当省悟、发觉、启发、使觉悟讲;读 jiào 音当睡醒讲,如《诗经·王风·兔爰》:"我生之后,逢此百忧,尚寐无觉。"意为:自我出生之后,连续遭到各种忧患,最好是沉睡下去不要醒来。《庄子·齐物论》:"觉而后知其梦也。"意为:睡醒以后才知道那是一场梦。

"寝室""卧室""梦寐""安眠"这些词语中,各包含着"睡"的一个同义词:"寝""卧""寐""眠"。其中"寝""卧"二词的古今词义,仍有细微的差别——"寝"古汉语指躺在床上休息,不一定睡着;现代汉语则指睡觉;"卧"古汉语指趴在矮桌子上睡觉,现代汉语则指躺下。"寐""眠"二词,古今义同,都是入睡、睡眠的意思。

第十一章　汉语语义传统要素例释

八、说"锦标"

"世锦赛""欧锦赛"等都是世界顶尖级的赛事,其中的"锦"是"锦标"的缩略。"锦标"这个词始于中国唐代"竞渡"这种群众性的体育竞赛。所谓"竞渡"就是赛龙舟,所谓"锦标"就是在长竿上缠绕着五颜六色的锦缎彩绸。古代在竞赛水面的终点插上"锦标",在锣鼓喧天的竞赛中,首先到达终点并夺得锦标的船只为胜者,称为"夺标"。在竞赛中,鲜艳醒目的"锦标"作用有二:一为比赛终点的标志,二为奖励优胜者的奖品。

中唐诗人张建封的长诗《竞渡歌》曾细致地描写了竞渡夺标的生动场面:"鼓声三下红旗开,两龙跃出浮水来。棹影斡波飞万剑,鼓声劈浪鸣千雷。鼓声渐急标将近,两龙望标目如瞬。坡上人呼霹雳惊,竿头挂彩虹霓晕。前船抢水已得标,后船失势空运桡……"王定保《唐摭言》卷三记载着一个故事:"晚唐时,同一郡县的贫寒之士卢肇和富豪子弟黄颇都很有名望,两人同时赴长安参加科举考试,当地许多官员都为黄颇饯行,却不理睬卢肇。转年卢肇考中状元衣锦还乡,地方各级官员群起迎接,百般逢迎。正赶上观看龙舟竞渡,卢肇在宴席上赋诗说:'向道是龙刚不识,果然夺得锦标归!'"这是借体育竞赛夺标旁敲侧击地说事儿。

"锦标"这个词在唐宋时期屡见于诗词,如唐人白居易《和春深》"齐桡争渡处,一匹锦标斜";五代花蕊夫人《宫词》"第一锦标谁夺得,右军输却小龙船";宋人杨万里《观竞渡》"银椀锦标夸胜捷,画桡绣臂照江湖"等。

"锦标"这个词沿用久远,但作为"赛船终点的标志物"的义项逐

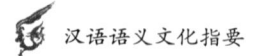

渐消失。现代汉语"锦标"这个词的词义,还是沿袭了古代汉语"作为优胜者的奖品"这个义项,其具体的涵义指奖杯、锦旗等奖品。

九、说"前茅"

成语"名列前茅"的"茅"究竟是不是"茅草"?先看几部权威辞书对"前茅"的解释——《中文大辞典》:"春秋时楚前军用茅以为旌识也。"《辞海》:"犹先头部队。古代行军前哨斥候以茅为旌。如遇敌人或敌情有变化,举旌以警告后军。"《辞源》:"军中的前哨斥候。行军时用茅为旌,持旌先行,如遇变故或敌人,便举茅警告后军。"至于先头部队"以茅为旌"的"茅",究竟是为何物?上引辞书皆避而不谈。

《汉语成语小词典》《汉语成语词典》和《中国成语大辞典》在"名列前茅"条中,都明确地把"茅"解释为"茅草"。《汉语成语考释词典》:"前茅:行军时走在队伍前面的兵士手执白茅开路(侦察敌情,举白茅作信号报警)……前哨执白茅当作旗帜开路以防意外……"这些解说都令人难以置信。

作为战场上的指挥报警信号——旗帜,必须具备三个特点:可以高举、色彩鲜艳、质地坚韧;而茅草(或白茅)根本不具备做旗帜的条件,且于古无征。那么,这个"茅"是否为通假字呢?《公羊传·宣公十二年》:"左持茅旌。"《新序·杂事》写作"旄旌"。清人王引之在《经义述闻》中曾对此发表评述:"茅为茅草,旌则旗章之属,二者绝不相涉,何得称茅以旌乎?今案:茅当读为旄。旄,正字也;茅,借字也。"王引之认为"茅"是"旄"的借字,因而"前茅"就是"前旄",即前军手持的旗帜。此解不啻醍醐灌顶,令人茅塞顿开。

那么,"旄"又为何物?春秋时期,古人有在旗杆顶端悬挂牦牛尾做装饰的习惯,类似今日的旗帜飘带,这种习俗在盛产牦牛的楚国更为兴盛。因而古人又称旌旗为"旄",旌旗是指挥用的,古人又称指挥为"麾"。《中华大字典》对"旄"字解释说:"注牛尾于竿首,军中执以指挥者。《书牧誓》右秉白旄以麾。"《尚书·牧誓》记载的"右秉白旄以麾",意为:右手举白色旌旗指挥部队。可见所谓的"白茅"就是"白旄"。盛唐边塞诗人岑参《轮台歌》云:"上将拥旄西出征,平明吹笛大军行。"这里的"旄"就是旌旗。

综上所述,"前茅"就是"前旄",即前军所持的旗帜,引申为先头部队,与"茅草"的"茅"只是古音假借关系,在词义上二者风马牛不相及。

十、"玩弄"与"呻吟"

现代汉语"玩弄"这个词,基本属于贬义,如"玩弄女性",是戏弄的意思;"玩弄词藻"是搬弄的意思;"玩弄伎俩"是施展的意思。现代汉语"呻吟"这个词,指人因痛苦而发出声音,如"病人在床上呻吟"。

但是在古汉语中,这两个词的词义就和上述解释大不相同。例如王充《论衡·案书》:"刘子政(向)玩弄左氏,童仆妻子皆呻吟之。"这段文字往往被今人误解,在一份《古代汉语》试卷中就被考生译为:"刘子政是个大流氓,他玩弄一个姓左的妇女,连他家里的妻妾、孩子、仆人都痛苦地呻吟。"

刘子政就是刘向,西汉著名的经学家、目录学家、文学家。"玩弄"是手不释卷,仔细玩味研习的意思。"左氏"即《春秋左氏传》,就是著名的历史著作《左传》。"呻吟"就是吟诵、诵读的意思。这段文字的意思是:刘向认真钻研《左传》,(在他的熏陶下,)家中的书童、仆

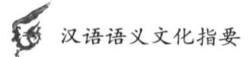

人、妻子、儿女都一起诵读这部史书。

在现代汉语语汇中,有大量的词语是从古汉语一直沿用至今的,但其中很多词语的语义发生了种种不同的变化。例如:古汉语"玩弄"这个词有两个义项,一是研习,二是戏弄。发展到现代汉语,"玩弄"的第一个义项(研习)已不复存在,只延续下第二个义项(戏弄)。古汉语"呻吟"这个词也有两个义项,一是诵读,二是因痛苦而发出的声音。发展到现代汉语,"呻吟"的第一个义项(诵读)已不复存在,只延续下第二个义项(痛苦的声音)。今人只用现代汉语词义中保持下来的那个义项,去领会和解释古汉语词义的另一个义项,这就是曲解古汉语"玩弄""呻吟"的词义而闹笑话的根本原因。许多古文今译中以今律古的笑话都是这样产生的。

十一、"无赖"与"无聊"

现代汉语"无赖"这个词绝对是贬义的,但是在古汉语中这个词的词义和色彩呈现出很复杂的状况。"无赖"可以指无能、无才、无用,如《史记·高祖本记》记载了汉高祖刘邦在未央宫大宴群臣向太上皇敬酒时说的一番话:"始大人常以臣无赖,不能治产业,不如仲力。今某之业所就孰与仲多?"意为:"当初,老爷子您常认为我无能、没本事,不能治产业,远不如我二哥的能力强。可如今我成就的产业和老二相比,究竟谁更强呢?"文中的"无赖"是无能、没本事的意思。虽带贬义,但程度较轻。"无赖"还可以表示不识趣、没道理的意思,如南朝诗人徐陵《乌栖曲》:"唯憎无赖汝南鸡,天河未落犹争啼。"这里的"无赖"是埋怨那些天还没亮就叫个不停的鸡。另外,"无赖"带有对令人喜爱的对象所用的亲昵的语气,如北宋周邦彦《丹凤吟》:

"迤逦春光无赖,翠藻翻池,黄蜂游阁",赞叹春光旖旎撩人;南宋辛弃疾《清平乐·村居》:"大儿锄豆溪东,中儿正织鸡笼;最喜小儿无赖,溪头卧剥莲蓬。"喜爱小儿淘气活泼。这两个"无赖"在抒情上都明显带有褒义色彩。而现代汉语的"无赖"专指放刁撒泼、蛮不讲理的行径,如"耍无赖";也指具有这种恶劣作风的人,如"一群无赖"。两种用法都带有强烈的贬义色彩。

现代汉语"无聊"有两个义项:表示由于精神无寄托而烦闷,如"他一闲下来就感到无聊";也表示(言谈、行动等)没有意义而使人讨厌,如"一张嘴就是张家长李家短,太无聊了"。在古汉语里,表示"精神无寄托而烦闷"这个词义,早在汉代就产生了,王逸《九思》有"心烦愦兮意无聊,严载驾兮出戏游"的句子,意为:我心里烦乱愁闷,赶紧驾上车马外出旅游。这里的"无聊"跟现代汉语词义相同。古代的"无聊"还可以表示生活贫困,无所依赖的意思,如三国陈琳《为袁绍檄豫州》:"是以兖、豫有无聊之民,帝都有吁嗟之怨。"意为:因此兖州、豫州一带有许多生活贫困无依的老百姓,京都地区已怨声载道。

"赖"和"聊"作为单音节的词,都是依赖、寄托的意思,两个词素合成双音节词"聊赖",词义并无变化。"无聊赖"——没有凭借或依赖,无聊或潦倒失意。再进一层,就成了"百无聊赖"——精神无所寄托,感到非常无聊。

十二、"发薪"与"关饷"

发薪就是发工资,尽人皆知。若问"什么是薪?"回答:"薪就是薪水呗。"再问:"薪水究竟指什么?"恐怕就难以回答了。其实,古时的

"薪水"指打柴汲水等饮食家务之事。《陶渊明传》载:"送一力给其子,书曰:'汝旦夕之费,自给为难,今遣此力,助汝薪水之劳。'"意思是:送一个劳力(仆人)给儿子,在信中说:你的经济条件不好,维持自家生活很困难,现在送给你一个劳力,帮你做打柴汲水等家务活。后"薪水"引申为打柴汲水等日常生活的费用,进一步引申为俸给,就是今天的工资。"薪水"又简称为"薪",并可组成许多词语,如"加薪""月薪""年薪""薪俸""薪金""薪资"等。

古代早期官吏的工资并不像现在发给货币,在先秦时期就是按月发实物,主要是粮食,称作"禄"。到了汉代,"禄"改称"俸",仍发粮食,以石或斛为计量单位。后由"禄"组成的"禄米""禄食""禄润"等,由"俸"组成的"俸米""俸银""俸钱"等,都是俸禄的意思。东汉初年,官吏的月俸才改为一半给钱币,一半给实物。唐代中期之后,薪俸才改发货币。明代改称薪金,又称"月费""柴薪银"。到这时,"薪水"作为"俸禄"同义词的用法才确定下来。

发工资又俗称"关饷"。"饷"也是工资,但旧时多指军警等的薪金,如"月饷""饷银""薪饷"等。"薪饷"不仅指军队、警察等的薪金,还包括被服鞋袜等用品。后词义扩大,"关饷"由"军队发饷",泛指"发工资"。

十三、"公主""驸马"及其他

一般说来,词义处在表层,较易掌握;而构词理据却处于深层,往往鲜为人知。例如"公主"这个词的词义指"君主的女儿",尽人皆知,但它的词源意义,就是它的理据——"古代帝王嫁女时让同姓的公侯主婚",就是多数人所不知晓的了。再如"驸马"是指皇帝的女婿,也众所周知,但皇帝的女婿为什么叫"驸马"呢?原来魏晋时,皇帝女婿常任驸马都尉这个官职,掌副车之马,作为皇帝外出时的随从。

再如"烧卖"指一种食品,用很薄的烫面皮儿包馅,顶上捏褶儿,然后蒸熟。为什么这种食品叫"烧卖"呢?其构词理据是:这种食品的上部顶端部分有突出的环形褶儿,外观似一朵梅花盛开,故名"梢梅"。后讹音为"烧麦"。

由此可见,词语的理据是词义生成的动因。从另一个角度分析,有时探究词语的理据,首先要揭示其词义。例如"打春"的词义是"立春",构成形式是"鞭打春牛",为什么要在立春之日鞭打春牛呢?这就是它的理据——古代立春日,在府县衙门前用红绿鞭抽打泥制的春牛,是对春耕的动员和对农事顺利的企盼,因此俗称立春为"打春"。

有些词语的理据往往需要绕一个大圈,甚至得讲述一个典故故事。例如:湖北省武汉市长江中有"鹦鹉洲",这个洲为什么以"鹦鹉"命名呢?是小洲的形状像鹦鹉,还是这里曾栖息过鹦鹉?都不是。相传东汉末年江夏太守黄祖的长子黄射在此洲宴会宾客,有人献鹦鹉,祢衡作赋,故名。再如"耻辱石"是一种自然矿物,即易解石。这种矿物为什么以"耻辱"为名呢?"耻辱"属于人的道德情感,怎么和自然矿物连在一起呢?原来在1928年发现这种黑色矿石时,化学家们未能分析其所含的全部元素,深以为耻,故名。

十四、"百岁"与"周岁"

婴儿出生一百天,称为"百岁"。其实,"百岁"本作"百晬"。"晬"

读 zuì，就是周年的意思，特指婴儿周岁或满百日。宋人孟元老《东京梦华录·育子》："生子百日置会，谓之百晬，至来岁生日，谓之周晬。"可知，"百晬""周晬"分别指庆贺婴儿满百日、周岁而举行的礼仪宴会。

　　汉语词汇在发展过程中，"晬"的字形和词义都显得比较冷僻生涩，后来就被弃之不用了。因为在婴儿晬日庆典中，"祝福孩子身体康健、长命百岁"是唯一主题；所以"百晬"，就被民间讹为"百岁"了。旧时民俗，男孩过百岁时，父母请剃头师傅把孩子头发剃掉，只在后脑勺的下部留下一撮毛，称为留百岁毛，其中寓含着祝福长命百岁之意。

　　婴儿长到来年生日，称为过周晬。在古代周晬礼仪庆典上，父母在婴儿的脖颈系上长命锁，还要举行"抓周"。所谓"抓周"就是占卜预测婴儿未来前途的一种民俗活动。宋人吴自牧在《梦粱录》上，就详细记载了"抓周试晬"的情况："其家罗列锦席于中堂，烧香炳烛，顿果儿饮食，及父祖诰敕、金银七宝玩具、文房书籍、道释经卷、秤尺刀剪、升斗等子、彩缎花朵、官楮钱陌、女工针线、应用物件，并儿戏物，却置得周小儿于中座，观其先拈者何物，以为佳谶，谓之拈周试晬。"唐人颜真卿《茅山玄靖先生广陵李君碑铭》记载："先生孩提则有殊异，晬日独取《孝经》如捧读焉。"这是抓周预测获得灵验的正面典型。与之相反，《红楼梦》第二回写宝玉抓周，心无旁骛，只抓脂粉钗环之类，结果气得贾政骂其将来必为酒色之徒云云。其实，这个对宝玉的人生预测也并非不灵验，只不过与家长的期望相悖罢了。

　　既然"百晬"被民间说成"百岁"，那么"周晬"变为"周岁"也就顺理成章了。后来，"晬"这个词就很少出现了。清人沈德潜有一部诗话名为《说诗晬语》。为什么书名"晬语"呢？作者《自序》写道："拟之试儿晬盘，遇物杂陈，略无诠次也。"作者把自己对诗歌的各种见解和论述,比喻为杂乱地摆放在晬盘里的各种物品,以听任读者诸君随意拈取。

十五、"杨花"与"柳絮"

"杨柳"并称,堪为同类,但"杨""柳"单列,亦不分你我。朱自清散文《绿》有"什刹海拂地的绿杨"一句,挺拔的杨树而至袅娜拂地,真真不可思议;但此处之"杨"实为"柳"也。再如"二月垂杨未挂丝""万树垂杨拂地生",这两个"垂杨",实指"垂柳"。"杨柳"并列,有时单指柳树,如"杨柳依依""河边有几棵杨柳"等。至于"鲁智深倒拔垂杨柳"之"垂杨柳",实际上也是垂柳。

"杨花"在古诗文中比比皆是,如"杨花落尽子规啼""杨花榆荚无才思""细看来不是杨花,点点是离人泪"等。杨树的果实也呈白絮飘荡状,故有"轻似吴绵淡似霜"的描摹,它开花飞絮比柳树大约晚两个月左右。《辞源》释义曰:"杨,木名,与柳同科异属,唯枝上挺,其实亦成白絮飞散。"但《辞源》对"杨花"的解释——"杨花:柳絮。"——这种结论过于绝对!引例为北周庾信《春赋》"新年鸟声千种啭,二月杨花满路飞"。杨树开花飞絮在四五月的初夏季节,因而把"二月杨花"理解为柳絮是完全可以的。但《辞源》把"杨花"一律理解为"柳絮"的解释,并不科学、全面,因为杨树本身毕竟也开絮状花,也如白絮飞舞。如将"杨花"条列两项释义:一为自指,一为泛称,则周至而科学了。

柳絮是柳树的种子,上有白色绒毛,随风飘扬,形似棉絮,故名。为什么将"柳絮"称为"杨花",有一民间传说——隋炀帝杨广开凿运河,动员民众在运河沿岸植柳,凡种活一棵柳树者辄奖励细绢一匹,于是百姓争植,造就了"杨柳岸晓风残月"的运河风光。隋炀帝不仅亲自植柳,并赐柳树姓"杨"。此后,杨柳便亲如一家,不分彼此了,既然垂柳可称为垂杨,那么"柳絮"称为"杨花"也就顺理成章了。

"杨花""柳絮"常相提并论,可见"杨花"毕竟还保留了"自称"的一块领地。"春城无处不飞花",统而言之地赞颂了杨花柳絮无处不在的飘逸舞姿;"颠狂柳絮随风舞,轻薄杨花逐水流"则是对轻狂浮躁的世风加以隐约的贬斥了。

十六、"国事"与"国是"

全国人大会议在北京胜利闭幕。在这个重要的会议上,党和国家领导人和人民代表一起共同商量国家大计,共同决定国家大事,新闻媒体多用"共商国是"四字来表达,如新闻标题:《共商国是 畅所欲言 不辱使命——人大代表履行代表职责侧记》,但却引起一些读者的疑惑,他们认为"国是"一词使用有误,应该用"共商国事"。

"国事""国是"两词古已有之,且出现于同一朝代。"国事"一词出于《战国策·燕策》:"(鞫武)出见田光,道太子曰:'愿图国事于先生。'"所言意为:太子说希望和您一起谋划国家政事。又见《史记·屈原列传》:"入则与王图议国事,出以号令。"意为:进入朝廷就和楚王谋划商讨国家政事,出了朝廷就发布号令。可见"国事",就指国家的政事。

"国是"一词,出于西汉刘向《新序·杂事二》:"愿相国与诸侯士大夫共定国是,寡人岂敢以褊国骄民哉!"又见《后汉书·桓谭传》:"君臣不合,则国是无从定矣。"这里的"共定国是",就是决定国家的大计方针。对于"是",东汉许慎《说文解字》:"是,直也,从日正。"清段玉裁注:"是,从日正,会意,天下之物莫正于日也。"可见"是"的本义为"正确",引申为"正确的法则""正确的政策"。因此,"国是"就指国策、国家大计。

"国事""国是"的共同点在于:(一)词性相同,皆为名词。(二)词义都是有关国家的。可视为一组头同义词。但二者又有三个区别:(一)从语义上分析——"国事"所指多为客观的、现实的、具体的事,如"关心国事""莫谈国事""国事访问"等,其中的"国事"不能换用"国是";而"国是"指国家的大政方针,更侧重于对未来制定宏观路线和方针,其语义内涵更为广泛。(二)从语体上分析——"国事"带口语色彩;而"国是"则呈现庄重的书面语色彩。(三)从语用上分析——"国事"中间可插入别的成分,可扩展开用,如"国家大事""国家政事"等;而"国是"结构严密,中间不可插入其他成分,也不能扩展开用。

"国是"这个词一直沿用至今,一是作偏正词组的修饰语,如"国是论坛""国是咨询""国是建言"等;二是作动宾词组的宾语,如"参与国是""共话国是""纵论国是"等。在报道"两会"的新闻中使用"国是"这个词,十分准确,无懈可击。

十七、足下·陛下·膝下

"足下"是古代用于下称上或同辈相称的敬词。战国乐毅《报燕惠王书》:"恐伤先王之明,有害足下之义,故遁逃走赵。"称燕惠王为"足下",这是下称上。西汉司马迁《报任少卿书》,称任少卿为"足下",这是朋友相称。现代汉语"足下"是对朋友的敬称,多用于书信。

为什么朋友之间以"足下"相称呢?这个敬词源于古代一个故

事。春秋时晋国诸公子争夺王位,自相残杀。公子重耳带着心腹门客逃亡在外,十九年后在秦穆公的帮助下,回到晋国即位,史称晋文公。晋文公为了报答流亡期间的有功人员,决定论功行赏。介子推是有功之臣,却不愿接受封赏,逃到山中隐居。文公派人放火烧山,逼迫他出山为官。介子推矢志不渝,紧紧抱住一棵树被活活烧死了。晋文公抚摸着烧焦的树干哀痛不已,叫人砍下树干制成一双木屐,每天穿在脚上,以此来纪念介子推的恩德。自此,每当想起介子推,晋文公就低下头,对着木屐沉痛地说:"真令人伤心啊,足下!"这里的"足下"本指脚下穿的木屐,睹物思人,以物代人,也就成为对介子推的敬称。后来,"足下"逐渐推衍为对朋友的对称敬词了。

和"足下"相类的对称敬词也形成了一个系列,在外交场合就有因卑达尊的一组敬词:尊称皇帝为"陛下",尊称太子、亲王为"殿下",尊称将帅为"麾下",尊称对方为"阁下"等。"陛"指宫殿的台阶,阶前有专人担任警卫,臣下有事报告,通常由警卫者转达。称为"陛下",就因不敢对帝王指名直呼。"殿"指宫殿,"麾"指军旗,"阁"指内阁(国家最高行政机关);称太子为殿下,称将军为麾下,称贵宾(如总理、部长、大使等)为阁下,意思是不敢直接麻烦你,而请你身边的办事人员转达,但实际上还是指对方。

给父母或祖父母写信时,常在开头的称呼下面加"膝下"两字,如"父亲大人膝下";"儿违离膝下,已二十五年"的"膝下"则系对父母的尊称敬词。子女幼时常偎依父母跟前,唐杜甫《羌村》"娇儿不离膝",成语"子孙绕膝"都是这个意思。后以"膝下"表示幼年,也用以表示有无儿女,如"膝下犹虚"就是说还没有儿女。这里的"膝下"是子女的代称。

第十一章　汉语语义传统要素例释

十八、榜样·模范·师范

"学习雷锋好榜样""榜样的力量是无穷的",这是现代社会人们所熟知的名言。但在古汉语里,"榜"和"样"却是两个单音节的词——"榜"最初指匾额,后指官府发布的告示,科举考试中又指公开张贴的录取名单。"样"则指建筑房屋的图形和制造器物的模具。现代汉语"光荣榜""发榜""样板""样式"等词语中的"榜"和"样",词义与古义仍相一致。"榜""样"两字并列成词,用以比喻值得效仿的好人好事。

"榜样"的同义词是"模范",也指值得学习的人或事物。"模"和"范"在古汉语里也是两个词。"模""范"以及"型",都是古代制造器物的模具,用木头做的模具称为"模",用竹头做的模具称为"范"(繁体为"範"),用泥土做的模具称为"型"。东汉王充《论衡·物势》:"陶冶者,初埏埴作器,必模范为形,故作之也。"意思是说:制陶和炼铁工匠,在制作器物之前,先用水和泥搅拌糅和制成模子,然后才能制造标准的器物。就是说有了"模范"等模具,制成的陶器和铁器等才能标准齐整、归于一律。我们平时说的"爷俩儿一个模样""像一个模子扣出来的"等,都是这个意思。后来把制造器物的这个道理移用到社会道德教育方面,就要在社会上树立人们学习效法的榜样。"模范""模型"这两个词都有榜样的意思。

"楷模"也是"榜样"的同义词,"楷"与"模"是两种木名。据清人《广群芳谱·木谱》记载:楷树生长在孔子的坟墓上,其干枝疏而不屈,以质得其直。模树生长在周公的坟墓上,传说其叶春天青,夏天赤,秋天白,冬天黑,以色得其正。楷树质直,模树色正,于是人们把

193

"楷模"作为"榜样"的同义词,取的就是它们的品质正直,可资效仿。

"榜样"还有一个同义词"表率"。在古汉语中"表"是测量日影的标杆。"率"的本意是捕鸟用的一种长柄的网,引申为遵循。"表""率"合为一个词,也是"榜样""以身作则"的意思。如《汉书·何武传》:"刺史古之方伯,上所委任,一州表率也。"《红楼梦》二十回:"并不想自己是男子,须要为子弟之表率。"前者说官员,后者说成年男子,都应以身作则,作辖区百姓或家中子弟的榜样。

汉代扬雄《法言·学行》:"师者,人之模范也。"意为:老师是人们学习的榜样,强调了教师应以身作则,以不辜负所负有的塑造教育对象的重大责任。这句话缩略为"师范"这个词后,词义产生了分化:(一)名词"师范",意为学习的榜样,如《北史·杨播传论》:"恭德慎行,为世师范。"意思是:恭谨审慎的德行,成为世人学习的榜样。(二)动词"师范",意为模仿效法,如《文心雕龙·才略》:"相如好书,师范屈宋。"意思是司马相如喜好读书,模仿效法剧院、宋玉的作品。(三)现代汉语的"师范",是师范院校的简称。师范院校是专门培养师资的学校。从构词理据和词义构成上分析,现代师范学校的"范"与古代"范"的榜样、楷模之义有密切的关联,因为这类学校就是以培养为人师表、为世楷模的人才为宗旨的。

十九、弱冠·及笄·耄耋

文人雅士谈到人的年龄喜欢用代称,如"弱冠"指男子二十岁,"及笄(jī)"指女子十五岁,"耄耋(mào dié)"指高龄老人等。汉人戴震辑《礼记·曲礼上》:"人生十年曰幼,学(出外就学);二十曰弱,冠(加冠行礼);三十曰壮,有室(娶妻成家);四十曰强,而仕(服务社会);五十曰艾,服官政(出任官职);六十曰耆,指使(指导别人);七十曰老,而传(传给后辈);八十、九十曰耄;百岁曰期、颐(由别人供养)。"这段话说明了人生各个阶段的生理特征,后成为系列年龄代称的由来——称十岁为"幼学",二十岁为"弱冠",三十岁为"壮室",四十岁为"强仕",五十岁称"艾",六十岁称"耆",七十岁称"老",八九十岁称"耄耋",称百岁老人为"期颐"。

《礼记·内则》:"女子十有五年而笄。""笄"就是古代束发用的簪子。女子挽发插笄,相当于男子加冠,都是成年的标志。因而把女子到了可以出嫁的年龄,称为"及笄"。《礼记·内则》谈到儿童教育时说:"十有三年,学乐,诵诗,舞勺;成童舞象,学射御。"意为:男孩十三岁左右学习音乐,朗诵诗经,可执勺(即乐器"籥")起舞;十五六岁就执象(象征兵器的竹竿)起舞,开始学习射箭和驾车了。后因以"舞勺"为十二三岁少年的代称,以"舞象"为十五六岁少年的代称。

古代有给老人赐赠手杖的定制,《礼记·王制》:"五十杖于家,六十杖于乡,七十杖于国,八十杖于朝。"意为:五十岁可以拄杖行于家,六十岁可以拄杖行于乡里,七十岁可以拄杖行于国都,八十岁可以拄杖出入朝廷。于是"杖家""杖乡""杖国""杖朝"分别为五十岁、六十岁、七十岁、八十岁的代称了。

二十、而立·古稀·豆蔻

系列年龄代称,还有"而立""不惑""知命""花甲""古稀"等等。孔老夫子在《论语·为政》中记载了自身进德修业过程的一段话:"吾十有五而志于学,三十而立,四十而不惑,五十而知天命,六十而耳顺,七十而从心所欲不逾矩。"于是称十五岁为"志学之年",称三十岁为"而立之年",称四十岁为"不惑之年",称五十岁为"知命之年",称六十岁为"耳顺之年",称七十岁为"从心之年"。

《淮南子·原道训》:"蘧伯玉年五十而有四十九年非。"意为:春秋时卫国大夫蘧伯玉是一位善于反省、勇于改过的君子,他在五十岁那年,洞悉自身以前四十九年的过失。后因称五十岁为"知非之年"。旧时以干支纪年,六十年为一轮,干支名号错综参互,称为花甲。于是人们把这种纪年与年龄联系起来,称六十岁为"花甲之年"。唐杜甫《曲江》诗云:"酒债寻常行处有,人生七十古来稀。"后以"古稀"作为七十岁的代称。这里应指出,"人生七十古来稀"是旧时情况;现在随着社会进步、生活安定和医学发展,人的寿命不断延长,七十已不算老,八十、九十亦颇常见。

晚唐诗人杜牧《赠别》诗云:"娉娉袅袅十三余,豆蔻梢头二月初。"豆蔻是我国南方一种多年生常绿草本植物,春末开花,花色艳丽。杜牧用春风吹拂下含苞待放、袅娜多姿的豆蔻花蕾,比喻一位体态柔美动人的扬州少女。后以"豆蔻年华"特指十三四岁的少女。

二十一、"米寿"与"茶寿"

前些年,天津学术界先后为两位八十八岁高龄的著名学者贺寿,分别成功地举办了"李世瑜先生社会历史学学术研讨会"和"来新夏教授米寿庆祝会"。有学者用"岂止于米(寿),相期以茶(寿)"来祝愿二老宝刀不老,健康长寿。年轻学者问:"米寿"、"茶寿"究竟是什么含义?回答:"米寿"指八十八岁,"茶寿"指一百零八岁。

为什么把八十八岁寿辰称为"米寿",把一百零八岁寿辰称为"茶寿"呢?这是利用汉字形体特点进行的一种借代修辞。汉字在形

第十一章 汉语语义传统要素例释

体上形成一套稳定而灵活的基础结构,具有可分可合的特点和再生能力。通过对汉字字形结构进行分离、拆解、增损和组合,来巧妙地寄意寓理、达志传情。例如"米"字形体,如同竖写的"八十八"三个字相连。"茶"的字形,像"米"字之上加草字头,而草字头与数字"廿(读音'念')"相似。"米"字(八十八)加上"廿",就是一百零八。妙在挠直为曲,委婉传意;另辟蹊径,不落俗套。

"相期以茶"是文言祝寿惯用语。"米寿""茶寿"之类称谓,表达出对老年人健康长寿的美好的祝福和期望。1983 年,冯友兰和金岳霖——两位哲学大家皆八十八岁。冯友兰撰寿联送金岳霖,上联云:"何止于米,相期以茶。"北师大吴师敬教授在岳母八十八岁大寿时,撰贺寿联:"今朝贺米,指日恭茶。"意为:今日庆贺老太太八十八岁大寿,期待二十年后,再恭敬地为您一百零八岁华诞祝寿。2005 年春,在北京大学中文系庆贺林庚教授九十五岁寿辰大会上,季羡林先生的祝词也是"相期以茶"。以上寿联或祝词的意思是:老寿星不仅安享"米寿"之贺,还应活到"茶寿"。语意吉祥,表达婉曲,妙趣横生。

我国常见的传统寿称,在修辞方式上多属借代。例如:称六十岁为"花甲",称七十岁为"古稀",称八九十岁为"耄耋(读音'茂蝶')",称一百岁为"期颐(读音'七移')"等。另一种修辞方式为"析字"——除上文所谈"米寿""茶寿"之外,还有"喜寿""伞寿""半寿""卒寿""白寿""皇寿"等寿称。七十七岁可称"喜寿",因"喜"字草书形体与竖写"七十七"类似;八十岁可称"伞寿",因"伞"字别体简写为"仐",可分解为"八十"二字;八十一岁可称"半寿",因"半"字可分解成"八十一"三字;九十岁可称"卒寿",因"卒"字别体简写为"卆",分解为"九十"二字;九十九岁可称"白寿",因"白"字是"百"字减"一",恰为九十九;一百一十一岁称为"皇寿",因"皇"字可分解为"白十二"三字,

"白"是"百"减"一"为九十九,再加上十二,为一百一十一。以上属于"析字"修辞,即借助汉字形体部件进行组合或拆分,来婉曲地表情达意。

这种妙用"析字"方式形成的寿称,不仅为汉语独擅,属于汉字文化圈的日语、韩语和越南语等也有这种传统说法。

二十二、"青"是什么颜色?

汉语色彩词"青",在表义上呈现出多样而复杂的状态,例如"青山""青天""青衣",同样一个"青"字,却分别指绿色、蓝色和黑色。

《释名·释采帛》云:"青,生也,象物生时色也。"这里的"青"指的是青草和未成熟作物所特有的嫩绿色。色彩词"青"的最主要的意义,就是表绿色,例如"青山、青草、青竹、青松、青苔、青苗、青菜、青果、青椒、青葱、青翠、青黄不接"等。"青春"原指草木葱茏的春季,唐人杜甫诗云:"白日放歌须纵酒,青春作伴好还乡。""白"与"青"(表绿色)色彩相对应。后以"青春"喻指青年时期或充满生机的时期。宋人文天祥诗云:"人生自古谁无死,留取丹心照汗青。"此处之"汗青"指史册。在纸张发明使用之前,古人用竹简书写。制作竹简须用微火烤干青竹的水分,此时青竹表皮水分蒸发渗出,如人出汗,故曰"汗青"。后遂将史书称为"青史",产生了"青史留名""名垂青史"等说法。

"青"在古代还可以表蓝色,《荀子·劝学》云:"青,取之于蓝,而青于蓝。"意为:靛青(深蓝色的染料)是从蓼蓝草中提炼出来的,但颜色却比蓼蓝草更深。比喻学生可胜过老师,后人可超越前人。在晴朗的日子里,天空呈蔚蓝色,古人称为"青天"。传统说法"青天白日",现代人则说"蓝天白云"。"青天"清澈广袤,高远坦荡,后用以称颂高风亮节、廉洁公正的官员,如"包青天"之类。"蓝青"大约是介于"绿"与"蓝"之间的一种混合色,故用以比喻不纯粹,如旧有"蓝青官话"的说法,指夹杂着方言口音的不纯正的官话。

"青"还指黑色。"青鬓"指乌黑的头发,比喻年轻人,如唐人韩琮诗云:"金乌长飞玉兔走,青鬓常青古无有。""青丝"可比喻黑发,如唐人李白诗云:"君不见高堂明镜悲白发,朝如青丝暮成雪。""青衫"指黑衣,如唐人白居易诗云:"座中泣下谁最多,江州司马青衫湿。"在古代服色中,"青"(即黑色)表示地位低微。青年学子都穿青色衣服,称为"青衿",可借指读书人。"青眼"指黑眼珠,借指对人的喜爱或看重的态度。"青衣"指传统戏曲旦角的一种,扮演举止端庄的中青年女性,又名"正旦",大都穿黑色衣衫,故称"青衣"。

在色谱中,绿、蓝、黑三色是接近色,其间存有若干过渡色,其归属界限很难精确划分。色谱中的相邻色呈现出的这种模糊性反映在汉语中,就产生了"青"这种表义多样化的色彩词。

二十三、说"沧海一粟"

宋代文豪苏轼《前赤壁赋》曰:"寄蜉蝣于天地,渺沧海之一粟",于是"沧海一粟"就成为一条常用的成语。许多工具书都把"沧海一粟"解释为"大海中的一粒谷子,比喻十分渺小",似乎已成定论。但仔细捉摸,这种解说不禁令人产生疑问:大海里怎么能有谷子呢?把这条成语中的"粟"解释为谷子,是不恰当的。

"沧海一粟"的同义成语尚有"太仓一粟"和"九牛一毛"。前者的表层义是指京都储谷太仓里的一粒小米,后者的表层义是指许多头牛身上的一根细毛。"一粟"之于"太仓","一毛"之于"九牛",都是同一概念范围内局部极小量与总体极大量的悬殊对比。"太仓"之中有"粟","九牛"身上长"毛",顺理成章;而"大海"之中有"粟(谷子)",总是让人感到有点别扭。

查阅手头权威工具书,在《康熙字典》和《中华大字典》中,"粟"字都有一个可解释为"沙子"的义项;在《辞海》《辞源》和《中文大辞典》中,"粟"这个词条都有一个共同的义项,就是与"粟"形状相似的颗粒状物体,三部辞书分别释义为"凡细颗粒之物或曰粟","指颗粒如粟之物","泛指粟状物"。《辞海》《辞源》均引苏轼《前赤壁赋》:"寄蜉蝣于天地,渺沧海之一粟",作为"粟"这一义项的句例,可知编者明确地认为"渺沧海之一粟"的"粟"就是"颗粒如粟之物",也就是"沙子"。

因此,我们可以把成语"沧海一粟"解释为"大海中的一粒沙子,比喻十分渺小"。这种释义既与词义相合,又顺理合情,易为人所理解和接受。

二十四、说"死而不僵"

对于"百足之虫,死而不僵"这个成语,有代表性的解说有二——《现代汉语词典》释义:"原指马陆这种虫子被切断致死后仍然蠕动的现象,现指一个人或集团虽已失败,但其势力和影响仍然存在(多含贬义)。"《汉语成语词典》释义:"百足:虫名,即马陆,约一寸长,躯干计二十节,切断后仍然能蠕动;僵,僵硬。语出《本草》。后以比喻人虽死去,他的势力和影响仍然存在。"前者对"僵"未作明确解说,后者则把"僵"解释为"僵硬"。其实,此处的"僵"应作"仆倒"

第十一章　汉语语义传统要素例释

"倒下"解。

我国历史上第一部字典、东汉许慎编纂的《说文解字》把"僵"解释为"偃",清人段玉裁注释说:"僵谓仰倒。如庄子推而僵之,汉书触宝瑟僵皆是。今人语言乃谓不动不朽为僵,广韵作殭,死不朽也。"段玉裁解释的大意是:"'僵'就是'仰面倒下'的意思,例如《庄子》'推而僵之'即'把他推倒在地',《汉书》'触宝瑟僵'即'(在跑动中)撞在琴瑟上而跌倒',这里的'僵'都是'跌倒''倒下'的意思。至于把'不动不朽'说成'僵',那是后来的事。"由此可见,在东汉许慎编纂《说文解字》时,"僵"只作"偃"(跌倒、倒下)解,而无"僵硬"之意。"僵"这个词产生"僵硬"这个新的义项,可能是唐朝以后的事。

关于"百足之虫"这条成语,各类辞书释义后所引例句中基本是以下四条——"百足之虫,死而不僵"(战国鲁仲连);"百足之虫,至死不僵,扶之者众也"(三国曹冏);"百足之虫,断而不蹶,持之者众也"(唐人马总);"百足之虫,三断不蹶者,持之者众也"(《太平御览》)。从这四条例句中,可作以下分析:(一)"僵"与"蹶"为同义,都是"仆倒""倒下"的意思;(二)"百足之虫"就是多脚的昆虫,其虽死却不倒,是由于"扶之者众""持之者众",即有众多条脚支撑的缘故。(三)"百足扶持"与"死而不倒"呈顺理成章的因果关系,宋人辛弃疾《周氏敬荣堂诗》"君看百足虫,至死身不颠",即为典型的佐证。

综上所述,"百足之虫,死而不僵"应解释为:多足昆虫即使死了,也不会仆倒,因为有众多的脚在支撑着它。后比喻基础坚固、势力雄厚的人或家族,虽已衰败,但残余影响依然存在,仍能挣扎一时。

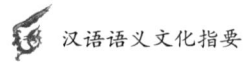

二十五、同义语素的微异

有些汉语双音节词,由两个同义语素构成,如"岛屿""游泳""丰富"等。但是从古汉语角度辨析,构成双音节词的两个同义语素,在语义上却存有细微差别,只是人们司空见惯、习焉不察罢了。例如——

(一)名词

岛屿——大者为岛,小者为屿;
朋友——同师为朋,同志为友;
绳索——小者为绳,大者为索;
疾病——轻者为疾,重者为病;
阡陌——南北为阡,东西为陌;
土壤——未垦为土,已耕为壤;
桎梏——脚镣为桎,手铐为梏。

(二)动词

游泳——浮行为游,潜行为泳;
吹嘘——急出气为吹,缓出气为嘘;
哭泣——有声有泪为哭,无声有泪为泣;
吊唁——祭奠死者为吊,慰问死者家属为唁;
贡献——奉物朝廷为贡,呈物祭祀为献;

第十一章　汉语语义传统要素例释

跋涉——行于草地为跋,行于水域为涉;
鞭策——革制为鞭,竹制为策;
羁绊——系头为羁,系足为绊。

(三)形容词

丰富——食物繁盛为丰,财物充盈为盛;
完备——整体无缺为完,应有尽有为备;
纯粹——不杂为纯,不变称粹;
规矩——量圆为规,测方为矩;
卑鄙——地位低微为卑,见识浅陋为鄙;
懈怠——精神松弛为懈,行为懒惰为怠;
骄傲——盲目自信为骄,轻视别人为傲。

在现代汉语里,这些双音节词都表示一个固定的词义,比如"岛屿",不再区别其大小;"游泳",不再区分其是否潜泳;"丰富",也不管其指食物或财物;都统一按照双音节词的整体意义去理解和使用就可以了。本节所谈,旨在引起读者诸君对词义探隐索微的兴趣——在使用汉语词汇时,在知其然的基础上,应尽可能知其所以然。

二十六、并称式词语

把属于同一性质而表达不同概念的词语简化后并列地放在一起称说,就形成了并称词语。例如:

初唐诗家"王杨卢骆"(王勃、杨炯、卢照临、骆宾王);
唐代山水诗人"王孟韦柳"(王维、孟浩然、韦应物、柳宗元);
北宋书法家"苏黄米蔡"(苏轼、黄庭坚、米芾、蔡襄);
南宋诗人"尤杨范陆"(尤袤、杨万里、范成大、陆游)。

现代的人名并称也很多见,例如:

"蒋宋孔陈"(蒋介石、宋子文、孔祥熙、陈果夫、陈立夫);
"王张江姚"(王洪文、张春桥、江青、姚文元)。

现代汉语用并称形式构成的固定语不乏其例,如名词性的"党政工团""文史哲经""老少边穷""德智体美""楼堂馆所""名特优新""水电气热""假冒伪劣"等,动词性的如"望闻问切""吹拉弹唱""围追堵截""关停并转""比学赶帮""吃拿卡要""跑冒滴漏"等,读者耳熟能详,故不赘解。

作品并称为数众多,如:

"三百千千"指旧时四部传统童蒙教材——《三字经》《百家姓》《千家诗》《千字文》;
"荆刘拜杀"指元代四部南戏作品——《荆钗记》《刘知远》《拜月亭》《杀狗记》。

《金瓶梅》作者明代兰陵笑笑生,从这部长篇小说的三个主要女性人物——潘金莲、李瓶儿、春梅——的名字中,各抽出一个字拼接而成书名。这种特殊的命名方式,对后世小说命名产生很大影响。例如:

第十一章　汉语语义传统要素例释

《玉娇梨》，书名取自女主人公白红玉（曾改名无娇）、卢梦梨两人的名字；

《平山冷燕》，书名源于作品中四位青年男女——平以衡、山黛、冷绛雪、燕白颔——的姓氏；

《金云翘》，书名由男女主人公金重、王翠云、王翠翘三人的姓或名拼合而成。

"毕业分配后的去向，是海北天南，还是新西兰？"这里的"海北天南"指上海、北京、天津、南京；而"新西兰"指新疆、西藏、兰州（实指甘肃）。这是一种俏皮的说法。另如书画家黄苗子为文史专家聂绀弩题写的书斋名为"三红金水之斋"，所谓"三红金水"是指《三国演义》《红楼梦》《金瓶梅》和《水浒传》，昭示聂先生对这四部古典小说的研究造诣颇深。最早将罗素哲学介绍到中国来的学者张申府先生，曾将自己的书斋命名为"罗名女人许之斋"。其寓意是——"'罗'即罗素，'名'则名学（逻辑学）、'女'是《列女传》，'人'为《人物志》，'许'乃许刻本。他一生读书的爱好集中于此，而以罗素排位第一。"

二十七、突出产地的品牌

以产地为品牌者，以药材为多。例如巴豆、川军、党参、阿胶等。巴豆原产于巴地，即今四川、鄂西一带；川军就是大黄，以川产质量为佳，大黄旧称"将军"，故名。另如川贝、川椒、川莲、川芎等亦为巴蜀特产。再如党参产于山西上党；阿胶产于山东东阿，用阿井水熬煮黑驴皮制成；辰砂就是湖南辰州出产的朱砂。

茶叶品牌也多以产地命名，如婺绿、川红、祁红等。婺绿指产于江西婺源的绿茶;川红指产于四川筠连的红茶;祁红指产于安徽祁门的红茶;滇红指云南出产的红茶;普洱茶亦称普茶,原产于清代普洱府一带,即今云南西南部。

湖笔、徽墨、宣纸、端砚是文房四宝的名牌,也以产地为品牌。湖笔指产于浙江吴兴的优质毛笔,因此地古属湖州,故名。与之相类的湖州特产还有湖丝、湖绉、湖羊等。"端砚"取石于唐代的端州(今广东肇庆市东郊的端溪),"贺砚"取石于宁夏贺兰山,"易水砚"指产于河北易水的砚台。

瓷器珍品"钧瓷",原产于河南禹县神垕镇,此地有传说大禹治水时会合各路诸侯的古钧台,故名。"潮白"指广东潮安出产的白蔗糖。"寿光鸡"原产山东寿光。"文昌鱼""文昌鸡""文昌猪"等皆为海南文昌特产。"西凤酒"产于陕西凤翔、宝鸡一带,从中抽取"西""凤"二字为品牌。

此类命名,也包括舶来品,如"美浓纸"因产于日本美浓而得名。"吕宋烟"即雪茄烟,因菲律宾吕宋岛出产的质量最佳,故名。还有一些以转运地为品牌者,如"马口铁",指镀锡后不易生锈的铁板,原产于英国,最初从西藏阿里马口地区输入内地,故名;"藏红花"原产于欧洲,由西藏传入内地,故名。

异地同名者有时也会造成理解上的一点小麻烦,如"宣纸""宣腿",前者指产于安徽宣城的书法绘画用纸,后者指云南宣威出产的火腿——两个"宣"不是一码事。一般说来,地名浓缩为一字,多取自专名,如"辰"(辰州)、"湖"(湖州)等。但也有少数取自通名的,如张家口浓缩为"口",故有口碱、口马、口羊之称。再如压成碗形成块状的一种茶,多产于四川省朱家沱、石盘沱、重庆金刚沱等地,取其通名"沱"字冠于品名之前,故名"沱茶"。"沱"指可停船的水湾,多用于地名。

第十一章　汉语语义传统要素例释

二十八、流俗词源与民间故事

　　流俗词源也是许多神话故事和民间传说的重要来源。地名流俗词源产生的音变，有时可以成为某个民间故事的起因。例如闽南沿海泉州南岸有座古塔名叫"关锁塔"，建造于南宋绍兴年间，成为当地著名的航标；但民间却谐音称之为"姑嫂塔"。因声起意的民俗思维模式，使人们围绕这个塔名，铺衍创作出一个辛酸的侨乡故事而代代相传：泉州有姑嫂二人，相约每天各背一块石头登上海岸的小山，以远眺港外返航的舟船，盼望出洋的亲人返乡。但"过尽千帆皆不是，斜晖脉脉水悠悠"，日复一日，年复一年，亲人没有盼回，姑嫂日携一石却堆积成山。后来人们用这些石头修建成一座高塔，命名为"姑嫂塔"。这个故事与广为传诵的"望夫石"相类。

　　江西鄱阳湖有大孤山，附近江中有小孤山，两山遥遥相望。民间却称之为"大姑"与"小姑"。小孤山对面江岸澎浪矶是一座礁石小岛。于是，人们把"澎浪"称为"彭郎"，并把"小姑"和"彭郎"描述成一对恩爱夫妻。宋代苏轼名诗《李思训长江绝岛图》写道："峨峨两烟鬟，晓镜开新妆；舟中贾客莫漫狂，小姑前年嫁彭郎。"利用地名音变形成的民间故事作诗的结尾，使全诗充溢着幽默的情调，余音袅袅，发人联想。

　　产于太湖洞庭山区的绿茶"碧螺春"，得名也有多种说法，其中感人的是民间故事：古时善良美丽的碧螺姑娘，为了救护力斩恶龙而身负重伤、生命垂危的英雄阿祥，每天采摘附近茶树的嫩芽，含在口中以唾液泡茶喂阿祥。阿祥得救，身体康复；可是碧螺姑娘却因伤了元气，憔悴而死。为了纪念碧螺姑娘，人们把她生前摘取嫩芽的茶树称为"碧螺春"。又如草本植物"枸杞"果实叫"枸杞子",可入药。关于它的得名也有民间传说:宁夏中宁县有名叫狗娃的穷人,积劳成疾。狗妻(狗娃之妻)在野外摘小红果给狗娃吃,不久病即痊愈。夫妻遂移回小树,精心栽培,以小红果为其乡邻治病。后为纪念狗妻恩德,便称此树为"狗妻",后避俗就雅改称"枸杞"。

流俗词源一方面促成了许多民俗故事的产生,另一方面把对词语理据的探索和历史人物或事件钩连,为民间文学和民俗语言的研究提供了不少素材。

二十九、海峡两岸同形异义词

1998年,笔者在台湾参加学术活动期间,亲身体会到两岸在汉语共时词语上存有的嬗变和差异。例如在普通话和"台湾普通话"之间,确实存在着一部分词形相同,而彼此的语义不同的词语,往往容易闹误会出笑话。例如:

爱人——普通话词义:有婚姻关系的配偶中的一方;而台湾则指相爱而无婚姻关系的男女,意同"情人"。

房事——普通话词义:夫妻之间性交之事;而台湾则指有关民众住房的问题。

再如:

例假——普通话词义:女性月经期;而台湾则指法律规定的例行假期。

胸围——普通话词义：胸部的周长；而台湾则指乳罩。

兵变——普通话词义：军队哗变；而台湾则指因男方当兵而引起的恋爱关系变化(破裂或移情别恋)。

来电——普通话词义：电来了或来电话；而台湾则指对异性产生的感情冲动。

生命线——普通话词义：保存生命和发展的最根本的要素；而台湾则指防止自杀的电话热线。

家庭计划——普通话语义：家庭中包括经济、购房、购置用品等方面的计划；而台湾则指计划生育。

请看下列指人的名词：

书记——普通话词义：党、团等各级组织中的主要负责人；而台湾则指从事记录、撰写公文的文员。

强人——普通话词义：强有力或坚强能干的人；而台湾则指强盗；

导师——普通话词义：大学和研究机构中指导人学习、进修、写论文的专家学者；而台湾则指班主任。

外教——普通话词义：外籍教师；而台湾则指外国传入的宗教。

走资派——普通话词义：走资本主义道路的当权派；而台湾则指和资方站在同一立场的工会领导人。

工读生——普通话词义：有较轻违法犯罪行为，在劳教学校里边学习边改造的青少年学生；而台湾则指"半工半读"的学生。

"台湾普通话"还有在保留汉语原词义的前提下，创造出新的比喻义的一些词语，而这种比喻义的词义在大陆是没有的，例如：

黑龙江——喻指受污染而变成黑色的河流；
北大荒——喻指台湾北部的荒凉地区；
牛郎——喻指男妓；
黑猫——喻指漂亮而又会打扮的女生；
银河系——喻指电影界；
牛鬼蛇神——指相貌丑陋的人。

三十、海峡两岸同素逆序词

大陆和台湾在词汇上存在着一种有趣的现象，即表达大致相同的一个意思，都用相同的语素，但排列的语序却相反，这样就形成了"同素逆序词语"。如普通话说"素质""对比""确切""拓展"，而"台湾普通话"却说"质素""比对""切确""展拓"等。海峡两岸的这种同素逆序词语，据统计约有1600条。

名次性的有"灰尘—尘灰"（前者为普通话，后者为台湾区域词语，下同）"昨日—日昨""政法—法政""邻里—里邻""性情—情性""文艺—艺文""论断—断论""权威—威权""警员—员警""连衣裙—衣连裙"等。动词性的有"介绍—绍介""海拔—拔海""列举—举列""寻找—找寻""继承—承继""康复—复康""劝慰—慰劝""脱颖—颖脱""寻觅—觅寻""集结—结集"等。形容词性的有"平安—安平""善良—良善""机灵—灵机""直率—率直""瘦削—削瘦""恐慌—慌恐""肃静—静肃""浅显—显浅""灵通—通灵""安静—静安"等。以上所谈相对应的两岸词语，其词义、语素和内部结构关系构成完全相同，只是语序相反而已。

其实，同素逆序的同义词语并不始生于海峡两岸，在古今汉语中一直存有这种现象,例如"名声—声名""兄弟—弟兄""来往—往来""离别—别离""忌妒—妒忌""辛酸—酸辛""讲演—演讲""代替—替代""吞并—并吞""互相—相互"等。古汉语在单音节词复合为双音节词的历史发展过程中,曾有过一个语素顺序不固定的过渡阶段。在造词规则比较宽松的时期,相当多的复合词存在着语素顺序前后不同的两种词形。虽经长期的规范定序,但仍有部分词语两种逆序词形并用而不悖。

两岸之间产生同素逆序的同义词语,一是古汉语的遗存,如普通话说"灵通""善良""机灵",台湾地区则说"通灵""良善""灵机",似乎二者迥然有异,其实在四字格成语中,普通话也说"通灵宝玉""良善之辈""灵机一动"等。二是两岸分离了半个多世纪,语言的发展和规范存有的差异之使然。

三十一、文言词语在台湾仍流行

在"台湾普通话"常用词语中,尤其在书面语中,文言词语占了相当大的比例。表现在言语交际中,就是大量使用带有文言色彩的谦辞和敬辞,例如在台湾仍沿用"鄙见"(我的看法)、"内子"(妻子)、"谬誉"(错误地夸奖)、"令尊""乃公"(您父亲)、"令堂""令慈"(您母亲)、"令郎"(您儿子)、"令爱""令媛"(您女儿)、"令高足"(您的学生)、"台端""台驾""台鉴"(您,称对方)、"台甫"(您的表字)、"台命"(您的嘱托)、"台启"(亲收)、"尊驾"(您的到来)等,和大陆使用口语色彩的白话词语形成鲜明的对照。

在"台湾普通话"中,名词性的文言词语仍然流行,例如"邦彦"(优秀人才)、"福祉"(幸福)、"圭臬"(标准);"国祚"(国运)、"冥诞"

(诞辰)、"幕僚"(下属)、"睿见"(高明的见解)、"世谊"(世交)、"庭训"(家庭教育)、"夕暮"(黄昏)、"肇因"(起因)、"翌日"(第二天)、"哲嗣"(子孙后代)等。

动词性的文言词语——"负笈"(留学)、"感铭"(感激并牢记)、"攻讦"(揭短)、"不虞"(不担心)、"齿及"(提及)、"奉职"(任职)、"恭逢"(正赶上)、"诟病"(指责)、"捍格"(矛盾对立)、"遑论"(谈不上)、"把晤"(握手相见)、"俾使"(使得)等,形容词性的文言词语——"纷冗"(杂乱)、"矜傲"(骄傲)、"不淑"(不善)、"丰沃"(富裕)、"敏慧"(聪明机灵)、"丕显"(显赫)、"殷忧"(很忧虑)、"优渥"(优厚)、"笃切"(深切)、"鲜少"(稀少)等,副词性的文言词语——"甫"(刚刚)、"旋"(立刻)、"愈"(更、越)、"固"(本来)、"至"(最)、"骤"(立刻)等,连词——"抑且"(而且)、"容或"(或许)、"至如"(至于)等,在台湾省的报刊、文书以及书信中都大量出现。

普通话一部分四字格语的语义,在台湾省则用文言色彩更为浓烈的四字格语来表达,例如:劳苦功高—居功厥伟(前为普通话,后为"台湾普通话",下同)、费尽心思—煞费周章、扬长避短—怯弊扬优、情投意合—胶漆相投、千古流芳—垂型万世、嫁祸于人—移祸江东、文武双全—允文允武、成千上万—盈千逾万、重整旗鼓—振衰起蔽、形影不离—焦孟不离、因循守旧—因循怠惰、季常之癖—乾纲不振等。

以上所谈"台湾普通话"中的文言词语,在今天的普通话里已很少使用,但在大陆的某些知识分子的书面语中还会使用其中的一部分。

第十一章 汉语语义传统要素例释

三十二、用旧词命名新物

中国人在构造汉语新词时,往往不是白手起家、另起炉灶,而是乐于采用人们熟知的事物,去描摹指称新事物;甚至可以原封不动地借用旧有词语,去指称新生的概念或事物,导致旧词义产生转化。例如古人为驱除鬼怪,焚烧竹子,使其受热爆裂,发出响声,故称"爆竹"。后人用纸卷火药,加引火线,使之爆裂发声,遂以旧有"爆竹"指称。再如"钟"原为古代乐器,中空,用铜或铁制成,后作为一早一晚报时之响器。后西洋时钟传入中国,因报时功能相似,故以旧有的"钟"来指称它。"月台"原指为赏月而造的露天平台,后指称火车站台。"翡翠"原为鸟名,后指称一种可做饰品的矿物。"海绵"原为海洋中生长的低等多细胞动物,后指称用橡胶或塑料制成的多孔材料。"刘海"原为传说中的仙童,后指称一种发型。"阮咸"是西晋人名,后指称一种弦乐器。

"肥皂"原指皂荚树肥厚的皂荚,古人将其捣碎用于洗除污垢;后西洋传入一种洗涤去污用的块状化学制品,时人在考虑如何为这个舶来品命名时,因用途功能相同,遂用原有"肥皂"名之。"胰子"原指猪羊等的胰脏,因接触时滑滑溜溜的手感相近,故以之为肥皂之方言别名,如香皂、药皂,在一些地区以香胰子、药胰子相称。

三十三、俞伯牙的"牙"和孔明之"孔"

春秋时期有三个以"牙"为名的名人——音乐家俞伯牙、政治家姜子牙和管仲的知己鲍叔牙。究竟这个"牙"是什么意思？令人费解。

其实，"牙"通"伢"，就是"小孩子"，特指男孩子。现代南方一些地方仍有"冬伢子""春伢子""毛伢子"之类的乳名称呼。

古时兄弟的排行次第，往往在名字中有所标示——"伯""孟"为老大（区别在于：妻生的为伯，妾生的为孟），"仲"为老二，"叔"为行三，"季""少"为老四、老五等等。由此可以分析，"俞伯牙"就是俞家行大的男孩；"鲍叔牙"就是鲍家的三小子；而"姜子牙"的"子"，则是男子的美称。

诸葛亮复姓诸葛，名亮，字孔明，妇孺皆知。但是，在报刊上却常常把"孔明"的"孔"解释为"小洞"。例如"诸葛亮字孔明，为一孔之明的意思""诸葛亮字孔明，孔中显明就是有光亮的意思""诸葛亮字孔明，这个表字表示谦虚意，即一个小孔洞里放出的光亮"等等。

其实，"孔"在古汉语中，有副词"甚""很"的义项。例如《诗经》"德音孔昭""我朱孔阳"的"孔"都是"甚""很""非常"的意思——"孔昭"意为"很明显清晰"，"孔阳"意为"很鲜明"。

因此，诸葛亮的字"孔明"，并非"一孔之明"或"孔中显明"，也不是"一个小孔洞里放出的光亮"；而是"甚明""很明"的意思。这个表字的含义，正与其人之名——"亮"同义相对。

第十一章　汉语语义传统要素例释

三十四、刘禅的"禅"

三国蜀汉刘备之子、后主刘禅,乳名阿斗,虽系草包式的历史人物,但却家喻户晓、妇孺皆知。"禅"字有三个读音,第一读为 chán,系佛教用语"禅那"(梵文 dhyāna)的略称,乃静思之意,为佛教修行的一种方法,如"坐禅、参禅"之类,也泛指有关佛教的事物,如"禅心、禅杖、禅房"等。第二读为 shàn,是古代帝王祭山川土地之名,如"泰山封禅",也指帝王让位给他姓,或传位于继承人,如"禅位、禅让、禅继"等。第三读为 tán,古国名。究竟"刘禅"的"禅"应读什么音呢?古往今来,人们大多习惯于把"刘禅"读为"刘 chán",其实,正确的读音应为"刘 shàn"。其理由如下:

首先,从刘禅名与字的词义联系上看。古人名与字多为词义贯通互补的同义词,如诸葛亮字孔明、周瑜字公瑾、鲁肃字子敬等,上述三人的名与字(即"亮"与"明"、"瑜"与"瑾"、"肃"与"敬")皆为同义词。刘禅字公嗣,"嗣"就是继承君位的意思,这和传位于继承人的"禅"(shàn)是同义相应的。

其次,刘备初无继嗣,为义子取名刘封。及甘皇后生阿斗,为之取名刘禅。兄弟二人之名相连,恰为双音节词——"封禅"。封禅是秦汉以来,历代帝王祭天地之大礼——帝王登泰山筑坛祭天称为"封";在山南梁甫山辟基祭地称为"禅"。因此,将"刘禅"读为"刘 shàn",兄弟之名直接关联,在语义配合上珠联璧合且顺理成章。

第三,刘备夙有称帝之雄心,从其为二子取名为"封""禅"者,亦可窥其一斑。皇叔为其义子取名为"封",不过是自身称帝后封其为王侯之意;而为亲子取名为"禅"(shàn),意在立其为太子以嗣继皇位。此举用心良苦,绝非信口随意为之。

综上所述,"刘禅"之名,盖与佛教术语之"禅"(chán)了无相涉,正确读音应为"封禅""禅继"之"禅"(shàn)也。

三十五、刘禹锡的"锡"

刘禹锡字梦得,是唐朝著名诗人,"沉舟侧畔千帆过,病树前头万木春""东边日出西边雨,道是无情却有情"等名句,就出自他的笔下。长期以来,从教材、选本到工具书,"刘禹锡"的"锡",都一律被注音为"xī"。其实"锡"为通假字,通"赐",是"赐予"的意思。《尔雅·释诂》:"锡,赐也。"南开大学徐朝华教授注曰:"锡(cì),通'赐'。"可见"禹锡"就是"禹赐"。据说,刘禹锡的母亲在怀孕时曾梦见禹王,后生下刘禹锡。父母认为:新生儿是"禹"王所"锡(赐)",又是其母"梦"中所"得",故为之取名"禹锡(赐)"而表字为"梦得"。此名与《尚书·禹贡》"东渐于海,西被于流沙,朔南暨声教讫于四海。禹锡玄圭,告厥成功"的记载,不谋而合。

古人"名"与"字"往往语义相应,例如唐人元锡,字君贶;宋人张锡,字贶之。《尔雅·释诂》:"贶,赐也。"徐朝华注曰:"贶(kuàng),赏赐,赠送。"并引《诗经·小雅·彤弓》为证:"我有嘉宾,中心贶之。"元杂剧作家庚天锡,字吉甫,名与字相应,取"天赐吉祥"之意。《水浒传》五十一回,被李逵打死的那个"殷天锡",应读为"殷天赐"。不用通假字"锡",而直接写成"赐"的名字,如孔门弟子端木赐,"端木"是复姓,名为"赐",表字"子贡"。老舍有长篇小说《牛天赐传》,其主人公姓"牛"名"天赐"。

名为"嘉锡"的现代著名学者有两人,即文献目录学家余嘉锡和曾任中国科学院院长的卢嘉锡。"嘉锡"之名源于屈原《离骚》"皇览揆余初度兮,肇锡(赐)余以嘉名",意为"父亲赐给我美好的名字"。古文字学家裘锡圭,其名源自《诗经·大雅·崧高》"锡尔介圭,以作尔宝"。"锡圭"意为"赐给大块宝玉",比喻难得的人才。总之,"嘉锡""锡圭",以及古今人名中的"锡爵""锡珍""锡璋""锡麒""锡麟""锡三""锡秀""锡光""锡恩""锡福""锡履"等,其"锡"均为"赐予"之义,理应读为 cì;但 xī 的读音古今沿袭,约定俗成,恐难改易。

总之,人名中的"锡"字,绝大多数为通假字,词义当为"赏赐、赠送"之意;但读音似以维持现状为妥。假如某位先生一丝不苟地执行读音规范,在谈话或讲课中坚持读为"刘禹锡(cì)"、"阎锡(cì)山"之类,准得把听者或学生弄糊涂了。这个例子说明:语言规范工作,不宜提出某些硬性规定,强制执行;而应在尊重历史、面对现实的基础上,对于具体问题进行实事求是的动态分析和柔性处理。

第十二章　汉语语义外来要素例释

一、源于满语的汉语词语

由满语进入汉语的词,普通百姓了解它有两条渠道,一是日常生活接触,二是清宫影视作品的传播。前者如满族传统糕点"萨其马",以及用草填塞制成的皮靴"靰鞡"等,已为人们所熟知。后者如"阿哥""贝勒""格格""福晋""额娘"等称谓,广大受众亦已耳熟能详。

昆虫"蝼蛄",俗称"喇喇蛄"。生活在山坡树丛中的一种蛙类,名为林蛙,其雌性腹内的胶状脂肪块可作营养滋补品,俗称"哈士蟆"。"喇喇蛄、哈士蟆"之名,都源自满语,为音译词。再如"嬷嬷"又作"嬷嬷",指奶娘;"妞妞"又作"妞儿",指小女孩。这两个称谓词也源于满语。老北京人在反驳对方、表示鄙视时,喜用语气叹词——"姥姥!"这个词儿亦为源于满语的音译词,词义当然不指外祖母,而表示强烈的"不信、不服"的含意,潜台词是"没门儿、少来这套!"

源于满语的汉语音译词还有——罗嗦、喇忽、骨立、埋汰、扎孤、胳肢、瘆等。例如"罗嗦"指说话、办事不利落。"喇忽(lǎhu)"是粗心、疏忽的意思,如:"你这个人呐,太喇忽啦!""骨立(gúli)"是称赞物品外形精美。东北方言"埋汰"是肮脏的意思。"扎古"是打扮、整治的意思。"胳肢"指在别人腋下、脚心等处抓挠,使发痒发笑。"瘆(shèn)"是令人害怕、恐怖的意思,如"这个倒霉玩意儿,看着就瘆得慌!"

有一些源于满语的汉语音译词,徒有音却无固定的词形,例如:哆嗦、颤抖,俗称"dēidei",如"冻得直打(dēidei)"。衣服不整洁、不修边幅,被称为"lēte",如"你看,又是这几个(lēte)兵!"有的词即使有固定词形,但用汉语也难以解释其构词理据,如"把势",也写作"把式",指精通某种专门技艺的人,如"车把势""花把势""老把势"等;又引申为武术,如"打把势""耍把势""练把势"等。这个词源于满语baksi(义为老师),如再深究其源,系来自古汉语的"博士"。

二、历史地名的民族语源

历史地名是在不同的时代里,由不同的民族用自己的语言命名的。我国幅员辽阔,历史悠久,民族众多,人口迁徙频繁,因此地名的民族语源显得异常复杂。尤其是少数民族聚居的一些边远地区的地名,不弄清它的民族语源,就无法真正理解这个地名的来历和含义。

我国北方诸民族的语言属于阿尔泰语系,其中蒙古语自成一个语族,维吾尔语属于突厥语族,满语则属通古斯语族。这些语言都是多音节语,而且有自己的拼音文字。汉语北方方言受到一些阿尔泰语系的影响,表现在地名上,就是借词和音译词比较多。例如张清常教授经过缜密的研究,认为"胡同"是蒙古语"水井"的借词。另如新疆一带的灌溉工程"坎儿井",是维吾尔语的音译加意译;蒙古语的地名专名"浩特"(城)、"戈壁"(沙漠)等已为人们熟知。

东北地区有不少满语地名,如黑龙江省木兰县,这个"木兰"既非指植物木兰花,亦与巾帼英雄花木兰无关,而是满语"围场"的译音。"哈尔滨"意为晒渔网的场子,"齐齐哈尔"意为边地,"牡丹江"意为弯曲的河,"松花江"意为天河,"海拉尔"意为流下的水,"呼兰河"意为烟囱河,"巴彦(县)"意为富饶,"瑷珲(县)"意为可畏,"海伦(市)"意为水獭。"富拉尔基(市)"达斡尔族语意为红色之岸。"吉林"作为市名,又是省名,取自满语"吉林乌拉",意为沿江的城市等。

内蒙古的蒙古族地名很常见,例如"呼和浩特"意为青色的城;"乌兰浩特"意为红色的城;"锡林浩特"意为山梁上的城;"巴彦查干"意为白色的富饶之地;"包头"源自蒙语"包克图",意为有鹿的地方。

新疆有许多维吾尔语音译地名,例如"乌鲁木齐",意为美丽的牧场,"克拉玛依"意为黑油,"阿克苏"意为白色的水,"喀什"意为用各色砖瓦建造的城市等。"西藏",源自藏语"乌斯藏","乌斯"意为中央,"藏"是圣洁的意思;因位于西部,故名"西藏"。"拉萨"意为圣地,"日喀则"意为高原的顶点,"珠穆朗玛"是"圣母"的意思。四川省有马尔康地区,"马尔康"意为火苗旺盛的地方;青海省有班玛县,"班玛"意为莲花。

我国南方诸民族语言属于汉藏语系的壮侗、苗瑶和藏缅三个语族,大多是单音节词占优势,原来并没有自己的文字。在这些民族地区,文化人大体上都兼通汉语,使用汉字,所以民族语地名古来就用汉字译写。人们很难从字面上辨别其民族特征,常误以为它们就是汉族地名。例如广西"百色",壮语意为洗衣石,与语义"缤纷的色彩"毫无瓜葛;贵阳市有"黑羊巷"这个地名,其实"黑羊"是彝语的译音,意为高贵美好的地方,语义与"黑色的羊"并无关联。

云南地名的民族语源也很复杂——"西双版纳",傣语意为十二个行政区;"景洪",傣语意为黎明的地方;"德宏",傣语意为怒江下游;"勐腊",傣语意为献茶之地;"畹町",傣语意为太阳当顶的地方。"洱源",白族语意为水花冒出的地方等等。2001年12月17日,国务院批准云南省迪庆藏族自治州中甸县更名为香格里拉县。"香格里拉",是英国著名作家詹姆斯·希尔顿1933年在小说《失去的地平线》中所描绘的中国西南部藏区一个永恒、和平、宁静之地。在这个自治州还有一个德钦县,"德钦"藏语意为吉祥之地。弄清这些边陲地名的民族语源和语义,更能唤起人们前往观光旅游的强烈欲望;因而,对地名的民族语源进行系统的探研并加以宣传,对于普及地域文化、开发旅游资源,进而促进边远地区经济发展,都是大有裨益的。

三、源于佛教的汉语语汇

佛教起源于古印度,相传公元前6至5世纪为释迦牟尼所创立。到公元前3世纪发扬光大,一跃而成为世界性的宗教。与印度为邻的中国,自然最先受其影响。在两汉之际,佛教已东渐传进中国。佛教使中国传统民俗得到极大的开拓和扩展,派生或形成了许多新内容和新形式。特别是受到佛教"因果报应""轮回转世""佛国净土""恶鬼地狱"等的宣传,人们相信轮回报应,悔罪植福,修德禳灾;烧香设供,许愿还愿;建寺造塔,铺路修桥;集聚功德,提倡放生;食斋吃素,布施贫病。高居云端莲座之上的佛和菩萨们,已进入中国世俗社会的千家万户。无论婚丧嫁娶、衣食住行、岁时节日、娱乐游艺,无时无处不闪烁着"佛"的法影慈光。

作为汉民俗文化的载体——汉语,与东渐来华的佛教文化,也存在着密切的关系。汉语从佛教中汲取了大量的借词,丰富了汉语的词汇;一批来自佛教佛经的词语,已成为汉民族社会生活中的一

般常用词语。来源于佛教的一般词语,例如:

双音节的:和尚、尼姑、菩萨、菩提、观音、罗汉、罗刹、浮屠、舍利、袈裟、报应、布施、施舍、三昧、轮回、佛经、法宝、法器、涅槃、坐禅、禅悟、斋戒、伽蓝、沙门、取经、三藏、济公、活佛、如来、无常、众生、阴司、起度、礼佛、烧香、供养、诵经、还愿、合十、化斋、放生、济人。

三音节的:观世音、烧高香、上西天、如来佛、弥勒佛、千手佛。

四音节的:释迦牟尼、文殊菩萨、普贤菩萨、四大天王、十八罗汉。

这些词语都或多或少沾染着佛教色彩。

在汉语词汇系统里有很多常用的词语也来源于佛教,例如:因果、现世、尘世、红尘、智能、境界、忏悔、悲观、真相、解脱、超脱、圆满、无量、堕落、功德、顿悟、弹指、刹那、超生、甘露、神通、火化、彼岸、行善等。

汉语本来没有"魔"字,"魔"字是梵语 mara 的对译。"魔"原义并不完全相等于"鬼",是指一种能引诱人,使人迷惑而又不易摆脱的东西。在汉语里,"魔"字产生很多新词,常用的有:魔王、魔难、魔女、魔掌、魔障、魔爪、魔杖、魔怔、魔鬼、魔怪、魔方、魔法、魔术、魔窟、魔头、病魔、着魔、入魔、恶魔、邪魔歪道、妖魔鬼怪、走火入魔等。

另外,汉字"僧"是梵语 samgha 的音译,带"僧"的常用词,如僧人、僧戒、僧门、僧舍、僧房、僧院、僧徒、僧律、僧众、僧斋等。

佛经里有不少故事,包括寓言故事,情节曲折有趣,形象鲜明生动。由于佛教的普及,这些佛教故事已为汉民族所熟悉并接受,在民众中流传开来,并逐渐凝练为合乎汉民族习惯的四字成语,例如:

第十二章　汉语语义外来要素例释

盲人摸象　天女散花　天花乱坠　借花献佛
唯我独尊　善财难舍　空中楼阁　水中捉月
粉身碎骨　步步生莲　以身施鸽　皮纸骨笔
药王烧臂　香城破骨　热釜求环　降落成道

佛经的主要内容是直接说教,将一些精彩凝练、哲理性强的词语截摘下来,或对一些佛教义理加以概括、改造,就形成了另一种类型的佛教成语,例如:

大慈大悲　不即不离　不可思议　不生不灭
回光返照　普度众生　自作自受

这类成语虽然宗教色彩浓重,但它们已跨出了"佛门",不仅习见于汉语文献,而且往往成为妇孺皆知的口语。

佛经中比喻的运用也产生了不少形象化的成语,例如:

香象渡河　恒河沙数　梦中说梦　味同嚼蜡
针锋相对　水月镜花　作茧自缚　认贼为子
醍醐灌顶　叶落归根　梦幻泡影　电光石火
龟毛兔角　苦海无边　回头是岸

这些成语的大多数,都不同程度地冲出了宗教圈子,在汉语中广泛流行,适用于更宽泛的对象。

佛教是一个具有特定宗教色彩的生活范围,自然有许多有关的常用语。随着佛教的普及,对其常用语的截取,也构成一些佛教成语。另外,佛教在中国发展的结果是建立了以禅宗为代表的中国佛

223

教。禅宗为汉语创了许多妙语好词,其中有相当一部分是隽永、新鲜的成语。例如:

极乐世界	阿弥陀佛	烧香礼拜	香花供养
如是我闻	生老病死	牛头马面	别具只眼
立雪断臂	拈花微笑	羚羊挂角	龙头蛇尾
泥牛入海	点铁成金	单刀直入	斩钉截铁
看风使帆	落汤螃蟹	隔靴搔痒	骑驴觅驴
驴唇马嘴	鹦鹉学舌	雪上加霜	逢场作戏
贼去关门	水涨船高	拖泥带水	心心相印

自唐代开始,禅宗在中国就形成了最有势力和影响的佛教宗派,禅宗成语是不折不扣的汉语成语。此外,佛教成语由不少是由数词组成的,例如:

一弹指间	一超顿悟	一针见血	一尘不染
一丝不挂	昙花一现	打成一片	一牛吼地
向上一路	表里不一	一念万年	一棒一条痕
不二法门	三世轮回	三生有幸	三头六臂
三界唯心	三十三天	四大皆空	六道轮回
五体投地	六根清净	六根不净	丈六金身
七手八脚	七颠八倒	天龙八部	面壁九年
十八地狱	百尺竿头	大千世界	万劫不复

第十二章　汉语语义外来要素例释

四、外来词的汉化

"入境问俗""入乡随俗"实际上也是修辞的原则之一。将外来词意译为汉语，一旦流行开来，这个词就会逐渐溶化在汉语里，如佛教外来词"世界""烦恼""真空""念头""究竟""绝对""清规戒律""不可思议"等词语，不经指出，一般人对其来源皆不甚了了。再如"玉米""甘薯""蚕豆""豌豆""花生""苹果""菠菜""豆蔻""菠萝""芦荟"等作物果蔬，查一查出身和祖籍，它们都是外来词，但久经岁月的磨炼，都已脱胎换骨变成了地道的汉语名词，根本看不出丝毫的外来痕迹了。"糖"在唐朝时，曾按梵文 sarkara 译为"煞割令"，宋后改为"糖霜"，简称"糖"。明朝"烟草"刚传入时，曾音译为"淡巴菰"（tabacco），不久就改为意译"烟草"。即便是纯音译的外来词，饱经沧桑磨合，也已"汉化"，成为汉语普通词汇中的一员，例如来自伊朗语的"苜蓿"（buxsuk）、"葡萄"（budawa）、"石榴"（arsak）等都如此。

由于民族融合和时过境迁，许多译自少数民族语音的汉语外来词，已完全汉化。对这些音译外来词，人们司空见惯、习以为常，就不再认为它们是外来词了。对这些名词进行语源分析时，人们就从汉语字面意上去理解阐释，往往会产生一些误解和曲解。例如"西瓜"原产于非洲，契丹破回纥，始得此种而归，五代时期传入中国。"西瓜"是对女真语 xiko 的音译。而女真语 xiko 又是对哥尔德语 seko 的音译。可见"西瓜"是外来的音译词。今人多以为"西瓜，就是来自西方的瓜"，这是望文生义的误解。

再如长在水田里，地下茎为扁圆形，表皮呈赤褐色的"荸荠"，广东方言叫"马蹄"，一般人认为它形如马蹄而得名，也是望文生义！

"马蹄"是古台语的底层遗存,现广西武鸣叫做 matai,粤语只是音译为"马蹄"而已,在构词理据和本身词义上,它与"马的蹄子"无任何瓜葛。"马蹄"(荸荠)的译意是"长在地下的果子",这与汉语"地栗""地梨"的词源理据完全相似。

五、音译外来词

近年来,音译外来词在汉语中的使用愈来愈频繁,例如"托福""雅思""爱普","雅皮士""雅飞士","丁克""朋克","厄尔尼诺(现象)""拉尼娜(现象)","恩格尔系数""基尼系数""道·琼斯指数"等。

国际英语水平考试,最著名是"托福""雅思"与"爱普"。"托福"是由美国教育考试服务处主办的,面对非英语国家人员的英语水平考试。"雅思"是由英国、澳大利等英语国家共同制定和主办的英语水平考试。"爱普"是由美国举办并由全球命题委员会共同设计的国际英语进阶考试。

现代西方社会把城市中的特殊的年轻人群体分为两类,一类称"雅皮士"意为"都市里年轻的专业人员",指收入多,花钱大方,追求物质享受的年轻人。另一类是"雅飞士",即"都市里失意的年轻人",指不求上进、境遇不佳的年轻人。"丁克"指夫妻均有收入但自愿不生育子女的家庭。"朋克"指极端个性化、带有颓废反叛意味的风格,也指追求这种风格的一类人。

"多米诺骨牌"就是用于游戏的一种长方形骨牌。把众多骨牌按一定距离竖立成行,只要碰倒了第一张,其余的骨牌则一张接一张地跟着倒下。后把连锁反应称为多米诺骨牌效应。

"厄尔尼诺现象"指东太平洋赤道附近海域出现的大面积表层

海水异常增温的现象。"厄尔尼诺"译自西班牙语 EI-Nino,义为"圣婴""男孩子",因这种异常现象均出现在圣诞节前后,故称。"拉尼娜现象"指东太平洋赤道附近海域,尤其是秘鲁和厄瓜多尔沿岸出现的大面积表层海水异常降温的现象。"拉尼娜"译自西班牙语 La-Nina,意为女孩子,因与"厄尔尼诺"("圣婴""男孩子")现象相反,故称。两种现象都造成许多国家发生气候灾害。

"恩格尔系数"指家庭用于食品的支出与家庭消费总支出的比值。家庭收入越少,食品开支在总开支中所占的比例越大,反之则越小。因这个理论和公式是 19 世纪德国经济学家恩斯特·恩格尔提出的,故名。"基尼系数"是用来测量收入分配不平等程度的指标,基尼指数界于 0 与 1 之间,基尼系数越小,收入分配越平均,反之,收入分配越不平均,贫富悬殊越大。一般取值范围在 0.2—0.6 之间。这个理论和指标系由意大利经济学家科拉多·基尼创制,故名。另外,反映股票价格平均指数的有美国"道·琼斯指数"、美国"标准普尔指数"、英国"伦敦金融时报指数"等。

六、音意兼译外来词

汉语外来词的基本借用方法,就是通过音译或意译,把外语译为中文。一般说来,音译法属语音翻译,不考虑词义对应;意译法只据原文词义翻译,不考虑语音问题;而使用音意兼译法,就要兼顾语音与词义两方面,既考虑使译文与原文的语音相近,又力求创造出体现原文特点但又不拘泥原义的词义,而且这个词义还得符合本民族语言的语音语义习惯。可见,成功地创造出音意兼译的一个外来词,确实是复杂而高难度的工作。

成功的音意兼译外来词,需要匠心独运的构思和斟酌,例如霓虹(neon)、基因(gene)、雪碧(Sprite)、飘柔(Rejoice)、维他命(vitamin)、高露洁(Colgate)、金利来(Goldlion)、踢踏舞(tittup)、嬉皮士(hippie)、的确良(dacron,布料)、席梦思(Simmons)、保龄球(bowling)、扑热息痛(Paracetamol,止痛药)等,都是成功的范例。世界驰名饮料CocaCola要打入中国市场,为汉语译名而绞尽脑汁,最后定名"可口可乐",确为神来之笔!

在不违背音译原则的前提下,尽量遴选出有既与原来的读音相近似,又与汉语某种表意相关联的汉字来构成词语;力求使中国受众"望字生义",引发美好想象,顺应这些具有表意性汉字的脉络,去揣测进而把握这个外来词语的大概意义——这就跃升至音意兼译的汉语外来词的高品位,同时也达到了汉语修辞的高境界。例如"美国对非英语国家留学生的英语水平考试"(Test of English as a Foreign Language 缩略为TOEFL),译为汉语"托福"。中国人为什么自然而然地接受了这个音译外来词呢?因为"托福"带有祈求吉祥的文化含义,且读音顺畅。电子信箱(E-mail)汉译为"伊妹儿",含有"秋水伊人"的中华诗歌文化情韵,蕴涵着温馨的情致。音意兼译词"脱口秀"译自英语talkshow(一种即兴发挥式的电视谈话节目),说着顺口,听来悦耳,堪称传神一绝。

七、汉语外来事物名称

外来词指一种语言从其他语言里吸收过来的词语。汉语吸收外来词的历史悠久,内容丰富。在历史上,引进外来词曾出现过两次高峰期,第一次是两汉至隋唐时期,佛教文化主要从印度传入我国;第

第十二章 汉语语义外来要素例释

二次是明末清初至 20 世纪初,分别从英语和日语借入。但早在上古时代,汉语就吸收了来自匈奴、西域的许多外来词,诸如琵琶、葡萄等。汉语表示外来事物的名称,总是在中心词之前冠以"胡""番""海""洋""西"等字眼。

"胡",我国古代对北方和西方各族的泛称。《汉书·匈奴传》:"南有大汉,北有强胡。"这个"强胡"即指强悍的匈奴。将匈奴东边的乌桓、鲜卑的先世称为"东胡",将西域各族称为"西胡"。汉代以后"胡"又泛指外国人。如晋代《搜神记》:"晋永嘉中,有天竺胡人,来渡江南。"这里的"天竺胡人"指印度人。《洛阳伽蓝记》:"狮子者,波斯国胡王所献也。"这里的"波斯国胡王"指伊朗国王。后在西域或外族传入的物品名称上加"胡"字。例如胡人、胡儿、胡马、胡姬、胡食(唐时称西域饮食)等。带"胡"字的果蔬,大多是两汉西晋时由西北边地传入的,如胡姜、胡桃(核桃)、胡椒、胡瓜(黄瓜)、胡麻(芝麻)、胡豆(蚕豆)、胡荽(芫荽)、胡葱、胡萝卜等。还有乐器:胡琴(细类有京胡、二胡、板胡等)和胡笳(木管乐器)。另外还有胡服(西北游牧民族的轻便服装)、胡床(可折叠的轻便坐具)、胡旋舞(西北少数民族舞蹈)等。

"番",古代指我国西部或西南部的少数民族。在唐代,常指吐蕃。清朝时称我国西部各民族为西番。如番地、番兵、番匠、番商、番僧(喇嘛)等。带"番"字的果蔬花木,多数是南宋至元明时用"番舶"(外国来华贸易的商船)传入的,如番薯(又名番芋,即山芋)、番茄(西红柿)、番豆(花生)、番瓜(南瓜)、番椒(辣椒)、番蕉(铁树的别名)、番红花(即藏红花,原产于西域及印度)、番石榴(原产于美洲热带地区)。

"海",古代称来自海外来的物品。大凡冠名"海"的果蔬林木,大多是南北朝以后从海外引进的,如海枣(椰枣,即伊拉克蜜枣)、海

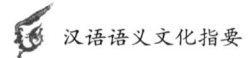

榴、海棠、海葱、海椒(辣椒)、海红花等。

"洋"泛指来自外国或与外国密切相关的,如洋人、洋商、洋货、洋枪、洋炮、洋场(旧时称洋人较多的城市,多指上海)、洋务等。大凡带"洋"字的果蔬林木,多为清朝时由外传入的,如洋葱、洋姜、洋芋(马铃薯)、洋白菜(结球甘蓝)、洋丁香(又名欧洲丁香)、洋紫荆、洋金花等。另外指来自外国的物品,例如洋灰(水泥)、洋火(火柴)、洋布(用机器织的平纹布)、洋油、洋车(人力车)、洋瓷(搪瓷)、洋货、洋房、洋楼、洋钱(银元)、洋铁(马口铁或白铁)、洋娃娃、洋柿子(西红柿)等。另外,还指外国式样的,例如洋味儿、洋派儿、洋文、洋行、洋节、洋奴、洋装、洋财等等。

"西"指西洋,多指欧美各国。来自西洋的果蔬花木,例如西红柿(番茄)、西蓝花(绿菜花,原产于意大利)、西洋参、西番莲(原产于巴西)等。旧时把内容或形式属于西洋的,一律冠以"西"字称呼之。例如西学(欧美传来的自然科学和社会科学)、西文(欧美各国文字)、西历(旧时指公历)、西画(西洋画简称)、西乐(欧美音乐)、西装(西服)、西裤(西服裤子)、西式(西洋式样的)、西医、西药(西医所用的药物)、西餐(吃时用刀叉的西式饭菜)、西点(西式糕点)等等。

八、衣领系列外来词

翻开报刊,"白领""蓝领""粉领""金领"等名词会频繁出现。这些来源于欧美,令人耳目一新的衣领系列,形成新词语的一个"词族",其词义生成的功能,就是通过色彩对比,对当代的社会分工和职业概念进行全新的切分与诠释。

"白领"一词产生在20世纪20年代初,指从事脑力劳动的职员,如管理人员、技术人员、政府公务员等。他们上班时着装整洁,衣领白净,因称"白领"。与之相对的是"蓝领",此词始见于20世纪40年代,指从事生产、维修和服务等体力劳动的工人,他们工作时穿蓝色工装,故名。这种以工作服装的颜色来指称职业人群的词语,形象化且富新意,因而迅速被人们接受。

20世纪70年代,又出现了"粉领"(pink collar)一词,指从事文秘、会计、营销等服务性职业的女子。"粉领"这个外来词传入中国后,成了"女性白领"的代名词,也常写作"粉领丽人"。和"粉领"同时诞生的还有"灰领"(gray collar)。"灰领"介于"白领"与"蓝领"之间,指负责维修电器、机械等的技术工人,他们穿灰色制服工作。后来,"灰领"泛指既有专门知识,又有技术实践能力的复合型、实用型人才。

在信息时代,产生了"金领",指企业中高层科技人员和高级管理人员。他们多为"海归",有"博士"头衔,凭着精深的专业知识和过人的组织能力,获得很高的社会地位和经济待遇。此外,还有"绿领"和"黑领"——"绿领"指从事环保工作的人员,"黑领"指从事脏、累或不体面的工作的低收入者。另有"铁领",指智能机器人。

目前,人们把软件企业的产业结构,也分为金领、白领和蓝领这三个层次:第一类是精通技术和管理的高级人才,即"软件金领";第二类是系统分析及设计人员(软件工程师),即"软件白领";第三类是能够熟练编程的技术工人或基础程序员,即"软件蓝领"。三类人才在企业的正常比例是"金字塔"形。

由于"金领"的"金",寓意着尊贵和富裕,因而在都市商界催生了一个新词语——"领子经济",即把市场服务对象定位于消费力巨大的白领阶层和金领人士。所谓"靠白领吃白领,靠金领吃金领",就是"领子经济"的指导思想和发展路数。

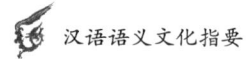

从修辞角度分析,仿拟是产生新词的坦途之一,简直不胜枚举。如:

"盲"(文盲—法盲—科盲—谱盲—球盲—舞盲等),

"霸"(恶霸—渔霸—路霸—电霸—牢霸等),

"嫂"(军嫂—警嫂—空嫂—护嫂—月嫂—厨嫂—机嫂等),

"的"(面的—摩的—板的—驴的等)。

九、绿茵场的外来词

足球赛事报道常提"德比大战"这个词。"德比大战"为何物?既不是德国队挑战比利时队,也不是德尼尔森比拼比尔霍夫。"德比"英文为derby,是英格兰中部的一个城市,因举办一年一度的埃普瑟姆赛马而遐迩闻名。德比城盛产宝马良驹,加上高级驯马师的精心调教,参赛获奖率很高,因而骑手们都愿以德比骏马为坐骑参赛。后来,在欧洲各大赛马场上,几乎都是德比郡所产骐骥在相互驰骋竞争。久而久之,这个词儿进入了足球赛场,人们把同一城市球队之间的比赛称为"德比战";把同属一座城市的两支或多支球队,在大赛中狭路相逢,短兵相接的较量,称为"德比大战"。在意大利又称为"同城大战"。德比大战虽属同城,但仍有主客队之分,比赛胜负在某种意义上将昭示——究竟谁才是这座城市足球的真正代表,因此每逢德比大战,赛场内外总是弥漫着浓浓的火药味。在欣赏过英超联赛中切尔西同阿森纳之间的同城较量,关注过意甲联赛中罗马跟拉齐奥之间的兄弟之争之后,外国联赛中的德比大战已为球迷所熟悉。在国内中超赛事中,上海"申花"与"中远"这对同根相煎的德比对手,已成为令人瞩目的一大看点。

第十二章 汉语语义外来要素例释

　　另外,绿茵场上的外来词语还有"乌龙球""金哨""球探""升班马""世界波""足球宝贝"等。"乌龙球"(owngoal)意为在足球比赛中,球员不慎将球踢进或顶进自家球门;粤方言有"乌龙摆尾"之说,意为差错、误会、忙中添乱;香港球迷将上述两个意思揉在一起,形成了"乌龙球"这个音译加意译词。"金哨"(golden whistle)指获得金哨奖的足球裁判。国际足联每年评一次金哨奖,以表彰执法程度好、能够控制赛场秩序、很少出现严重错判、漏判、误判现象的裁判员。由"金哨"又反义孳生出"黑哨"一词。"球探"(scout)指球类运动中接受派遣,专门收集、打探对手(或某支球队)的战术演练、训练安排、运动员状况等内部情报的人员。"升班马"(new promoter)指在足球联赛一个赛季结束时,从低一级联赛升到高一级联赛的球队。"世界波"(goal of world class)指足球运动员精彩绝伦的射门进球。"波"为英文 ball(球)的音译。最初为香港、广州球迷用语,后传至全国各地。"足球宝贝"(football baby)原指足球比赛球队入场时,每个队员领着的幼儿,后指作为球队或啦啦队形象代言人的青年女子。

　　2004年11月3日晚,中超足球联赛第19轮上海申花队和天津康师傅队以4:4握手言和,康师傅队的张烁和申花队的孙吉均上演了"帽子戏法",让这场赛事成为一场令人瞩目的、十分激烈而精彩的比赛。什么是"帽子戏法"呢?原指杂技演员用多顶帽子交替变换、连续不断扣在自己头上的精彩表演。现多用于足球比赛。"帽子戏法"源于英国作家刘易斯·卡罗尔的童话《爱丽丝漫游奇境记》。书中写一个制帽工匠可出神入化地用帽子变戏法。后英国板球协会借用其意,给连续三次击中门柱或横木、使对方三人出局的投手奖励一顶帽子,以显示其非同寻常的投球技巧。板球"帽子戏法"肇始其端,被引用足球比赛后,指一个运动员在一场比赛中,三次把球射入对方球门,后即传布遂广。

"帽子戏法"之说在我国流行较晚,始于中译本《贝利自传》。在1958年世界杯巴西队对法国队的半决赛中,贝利一人连中三元,淘汰了法国队。《贝利自传》曾将此单辟一章,小标题就是"帽子戏法"。后"帽子戏法"之说,由体坛走向其他领域。笔者曾看到一篇报道题目——《杨振宁上演"帽子戏法"》,十分惹人注目!原来在清华大学90周年校庆期间,校方共举办了648场专题学术讲座,演讲者皆为学术领域国内外顶尖级的学者,其中杨振宁教授一人就占了3场,是唯一的一个,故谓之"帽子戏法"。这类用法大胆、新颖且诙谐,但从语义上衡量并未逾矩。

十、源于国外的典故性成语

平时看书读报,常遇一些源于国外的典故性成语,如"潘多拉盒子""达摩克利斯剑""特洛伊木马""橄榄枝与和平鸽""条条道路通罗马"等。

"潘多拉"是希腊神话描写的阴谋产物、一个生性奸诈的美女。普罗米修斯盗火给人类后,主神宙斯为了报复人类,下令用黏土制成一个美女潘多拉,把她送给普罗米修斯的兄弟厄庇米修斯做妻子。潘多拉私自打开宙斯让她带给厄庇米修斯的一个盒子,使盒子里装的疾病、疯狂、罪恶、嫉妒等祸患一齐飞了出来,致使人间充满了各种灾祸。后用"潘多拉的盒子"比喻连绵灾难的渊薮。

"达摩克利斯"是希腊神话中暴君迪奥尼修斯的一个宠臣。他时常恭维帝王多福,以献媚取悦迪奥尼修斯。有一次,迪奥尼修斯请达摩克利斯到王宫赴宴,让他坐在帝王的宝座上,而头顶上却悬挂着仅用一根马鬃系着的一把利剑。其用意是使达摩克利斯意识到君王虽身居皇位宝座,可头上悬挂着的利剑却随时可能掉下来,以示帝王并不多福,而时刻存在忧患。后用"达摩克利斯剑",比喻随时可能爆发的潜在危机。

古希腊传说,特洛伊王子帕里斯在访问希腊时诱走了王后——绝代美女海伦,希腊人因而远征特洛伊。大军围攻九年都未能如愿,到了第十年,希腊将领奥德修斯献计,把一批勇士埋伏在一匹巨大的木马腹内,置于城外,佯作退兵。特洛伊人见敌兵已退,就把木马作为战利品搬入城中。是夜,潜伏的勇士从木马中跳出来,打开城门,希腊将士一拥而入攻下城池。后用"特洛伊木马",比喻在敌方营垒里埋设伏兵以里应外合的活动。

据《圣经》载,上帝降洪水灭世时,诺亚制方舟避难。洪水泛滥150天后逐渐消退,方舟搁浅在山巅上。诺亚为探测洪水是否退却,放出鸽子侦察,鸽子衔回一段橄榄绿枝。诺亚由此断定洪水已退,遂从方舟走出。后把橄榄枝与鸽子作为和平的象征,并把鸽子称为"和平鸽"。

罗马在古代是意大利中部一小城,后逐步向外扩张,势力遍及整个地中海地区并扩展到大西洋方向和欧洲大陆,建立了声名显赫的罗马帝国。在公元1、2世纪相交之际,罗马帝国的国势和人口均达到高峰,建立起规模宏大的交通运输网,有多条道路通往帝国各行省,可谓四通八达。后用"条条道路通罗马"比喻为达同一目的可有多种不同的方法和途径,常与汉语俗语"自古华山一条路"相映成趣。

十一、蜘蛛人·香蕉人

"蜘蛛人"指借助吊绳悬在高楼外作业的清洗工,或徒手沿着外墙攀爬高楼的人。他们像蜘蛛一样趴行在墙壁上,故称。不久前,一名从来没有受过任何训练的"蜘蛛人",私自攀爬号称"中国第一高楼"的上海金茂大厦,并取得了成功。这名来自安徽的青年男子,是想赶在法国"蜘蛛人"阿兰之前完成这项惊人之举。早些时候,法国著名的"蜘蛛人"阿兰曾赴上海,准备徒手攀爬金茂大厦,但因事先未提申请而中途"流产"。

汉语对居住在国外有中国血统的人有一整套称谓——定居在国外的中国公民,称为"华侨";获得居住国国籍的有中国血统的人,称为"华人";而"华裔",是指祖上是华人,本人在国外出生的有中国血统的人。海外华人社会把那些从小受西方教育、不会讲中文、不懂汉语的华裔青年,戏谑性地统称为"香蕉人"。香蕉是产于热带或亚热带地方的多年生草本植物,其果实为稍弯的长形,表皮为黄色,而肉质却为白色——用以比喻皮肤为黄色,而思想、观念、文化、语言等却完全西化的华裔后人。

西方社会学者称知识贫乏、视野狭窄、思想浅薄的人为"平面人",把游离于主流社会之外,不受关注、缺少归属感的社会群体称为"边缘人"。这种对于某类社会的群体命名,其缺点是在词形和语义构成上缺少生动性,远不及"香蕉人""蜘蛛人"之类命名富有形象的情趣和生动的意味。

汉语对某一种社会类型人物的命名,善于把抽象的理念评价,转化为富有形象感的词语,例如惯用语"铁公鸡""哈巴狗""夜猫子""中山狼""母老虎""小绵羊""老狐狸"等。在这里,汉语构词的比喻方式发挥了独特的人文作用。再如近年把偷渡者称为"人蛇",把组织偷渡,从中谋财的人称谓"蛇头"。"人蛇",因偷渡者为躲避搜查,往往蜷曲在偷渡船的船舱内,身体如蛇一样地屈曲,故称。"蛇头"就是人蛇的头头,组织偷渡的首领。用"大鳄"比喻颇有势力或关系重大的人,如"金融大鳄""黑帮大鳄""乐圈大鳄"等。

十二、下课

近年来,体育界流行"下课"这个词。报纸体育版"某某面临下课危机"、"某某主动下课"等标题频频出现。这里的"下课"已不是"上课时间结束"之本义,而专指体育运动中教练员被解职的意思。"下课"这个新义项的诞生,以四川球迷在1998年甲A足球联赛赛场上因对主队成绩不满而首次齐声呼喊"下课!"为标志,很快就传遍大江南北,成为中国足球联赛中使用频率最高的词语之一。由于语言的对应性与生成性,新词新义常会成双配对,乃至成群结队地相继出现。由"下课"这个新生义又引来了"上课"——教练员受聘上任;"逃课"——运动员逃避训练。

不久,"下课"这个词又很快从体育界,堂而皇之地打进社会各领域,泛指被动地离开工作岗位,或撤出某个竞争领域。举凡政府官员、企业领导、演员歌星等,或被罢免、或落选、或遭解雇,均可以"下课"称之。进而证件、品牌等事物也被圈入"下课"之列,如新闻标题——"身份证上岗,户口簿下课""四种车型因市场占有率低而宣布下课"等等。

体育是生活时尚的典型体现,也是汉语新词新义产生的沃土,数不胜数的新词新义从体育赛场走向寻常百姓的日常生活,甚至成为新闻媒体的热门流行语。对于竞技体育,人们总是以激动亢奋的心境去观赏的,因而在体育报道和评论中摒弃陈词滥调,使用生动诙谐、形象鲜活的词语,就适应了广大受众的心理诉求。在收看电视转播足球比赛时,解说词中诸如"单刀赴会""二鬼拍门""梅开二度"

"连中三元""倒挂金钟""自摆乌龙"等富于文化色彩的生动词语会联翩而至。这些富于创意的体育语汇,可以随时向日常生活领域渗透,除"下课"之外,另如"冲浪""出局""越位""禁区""亮黄牌""三级跳""马拉松""打太极""短平快""二传手""擦边球""踢皮球"等都已成为各行各业普遍使用的常见词语。

十三、奶酪·蛋糕

"奶酪"原指用牛奶等奶汁制成的半凝固状态的食品。美国作家斯宾塞·约翰逊出版了《谁动了我的奶酪》,在书中"奶酪"这个喻体所比喻的事物很多——例如一份称心的工作,一种和谐的人际关系,金钱和豪宅,健康和自由,社会的认可和领导的赏识,等等。后来,"奶酪"产生了新的义项——比喻追求的目标,比喻最想获得的东西。例如"对于美的公司来说,冰箱行业是一块新的奶酪""移动PC动了谁的奶酪"等。

"蛋糕"的本义尽人皆知,但其产生的新义是:比喻共同的社会财富、利益等。例如"农村出版物市场:蛋糕越做越大""网站建设:一块诱人的蛋糕"等。大块的蛋糕通常是切开后供多人分享的,因而以"切分蛋糕"比喻社会财富和利益的再分配。

"奶酪""蛋糕"的比喻义及其用法源于西方。其实利用食物外形或属性,通过比喻、夸张或借代来描绘指称人物的外貌、心理、性格等,是传统汉语的常用手法,例如"软面团""菜包子",比喻懦弱无能的人;"姜是老的辣",比喻经验丰富的老年人;"空心萝卜"比喻色厉内荏的人;"豆芽菜"比喻身材细长而瘦弱的孩子;"老油条"比喻世故圆滑的人;"奶油小生"比喻面孔白嫩的男青年等。

以食物喻指事物的也很多见,例如"香饽饽"比喻受欢迎、受重视;"豆腐干"比喻报刊上发表的短小诗文;"夹生饭"比喻做得不彻底的事情;"一锅粥"犹言一团糟,比喻情况非常混乱;"半瓶醋"比喻对某种知识或技能只懂皮毛的人;"豆腐渣"比喻偷工减料、极不坚固的建筑工程;"小菜一碟"比喻微不足道的小事,等等。

十四、眼球·眼球经济

"眼球"就是眼珠子,是人眼的主要组成部分;而当代新闻用语和网络语言中的"眼球",却借指注意力。例如媒体标题中"刺激眼球""抢人眼球""抓人眼球""黏住眼球""吸引眼球""引爆眼球""挑战眼球""共赢眼球""牵住眼球""争夺眼球""垄断眼球"等等,比比皆是。在互联网上就有"眼球先生""眼球世界""眼球聚会"等网站名称。

前些年,有一种时髦的理论认为:在以互联网为标志的信息时代,最重要的资源既不是传统意义上的货币,也不是信息自身,而是受众的注意力。这种注意力形成的资源,95%以上来自视觉。借用《哎哟,妈妈》歌词句式来说,就是"网络的效益从哪里来?是从那眼睛里到心怀"。因此,业内人士把网络经济,又称为"眼球经济"。随之又产生了"眼球效应""眼球时代""眼球大战""眼球文学""眼球资本""眼球诱惑"等等。

"眼球经济"确为互联网时代一个创举。一个网站能否引起更多人的关注,是其兴衰存亡的关键,"眼球"的作用至关重要,这与网站的知名度、内容、定位、风格、服务等综合因素息息相关。在互联网世界,创新永远是根本。没有创新,立刻就被人抛弃,这就是"眼球经济"的苛刻要求。

"眼球经济""眼球效应"理论，也作用于并考验着演艺圈、广告业的运作，与商品包装、书刊装潢、报刊发行、服装表演、汽车展销、商品博览等行业密切关联。传统产业为了争得消费者乃至下游产业的关注，所采取的广告宣传、公益赞助、球队冠名等一系列商业手段，造成抢眼的效果，以"吸引眼球"，引起关注，这和网站为争取访问量（点击率）而采取的措施，可谓异曲同工、殊途同归。

据报载，进入2005年，东方歌舞团推出了贺岁的力作——大型风情歌舞晚会《火一样的羞涩》，以激情四溢的异国歌舞为中心，融合了舞美屏幕、诗文朗诵和电影表达手段，将西方人火热的情感表达与东方人羞涩的爱恋之情融会交织，使观众置身于环球浪漫之旅的氛围之中。其实，它从矛盾而俏皮的标题到主体艺术的充分展示，从多彩的环球人文背景到多种艺术手段的综合运用，只为了追求一个简单的效果——吸引眼球。

十五、麻辣·水煮·烧烤

近年来，图书市场刮起三股旋风：一是无厘头搞笑的"大话风"，如《大话西游》《春光灿烂猪八戒》等。二是漫画颠覆的"歪说风"，如《漫画歪说红楼梦》《漫画歪说水浒传》等。三是演绎经管之道的"烹调风"，如《麻辣三国》《水煮西游记》《烧烤三国》等。这些借四大名著外壳，注入当代时尚元素，进行改造性"变脸"而衍生的出版物，其中人物，无一例外成为调侃、诙谐、戏谑的化身。旋风过处，原著的人物形象面目全非。

按汉语逻辑，以动词性的烹调术语"麻辣""水煮""烧烤"等作修

第十二章 汉语语义外来要素例释

饰语的词组,其中心词应是菜品,如"麻辣腰花""水煮黑鱼""烧烤牛肉"之类。但这类词语,现在却从庖厨餐桌领地跳将出来,跃上出版物的封面,成为引人瞩目的书名。如《水煮三国》,就标榜"以三国故事为底料,麻辣风味的快意管理学",确也给读者以好读、有趣、形象化的感受。此举使原本正襟危坐、枯燥乏味的经济管理读物,换上了新面孔,注入了新元素,拽住了眼球,增加了卖点。

打开电脑网页,"麻辣社区""麻辣家园""麻辣楼市""麻辣生活""麻辣情爱""麻辣论坛""麻辣竞猜""麻辣爆笑""麻辣贴图"之类,以至"麻辣男生""麻辣女生"和"麻辣教师"等,纷至沓来。流行歌曲有迪克牛仔的《麻辣男人》,喜剧电影有《麻辣宝贝》。可见,烹调术语已堂而皇之地迈进了网络世界和文艺领地。

以研究"民间语文"著称的黄集伟先生,于2004年发表了关于饮食文化的一篇书评,标题就是《"水煮坚强"与"糖醋嫉妒"》(见《中华读书报》2004-4-8)。张弛先生主编的以"文人与吃"为题材的散文集《文人食谱》,其中堵力的《椒盐白素贞》和黄集伟的《红烧左边锋》(见《中华读书报》2003-12-3)等。"水煮""糖醋""椒盐""红烧"等烹调术语,竟然与"白素贞""左边锋""坚强""嫉妒"等不伦不类地结合在一起,令人惊诧!在语言学家眼里,它荒诞不经且扞格不通。但这种离经叛道式的词语搭配,却不胫而走,渐成时尚。

社会语言是不断变化、发展的,其标志就是:新词语、新变化、新组合、新时尚的层出不穷。面对新鲜且别扭的语言现象,社会语言学家应有足够的耐心和包容,应在观察、甄别、比较、分析和总结的基础上,高屋建瓴,探求其中合理的因素,进而从语境和语用层面因势利导。既然军事术语"攻坚、抢滩",体育术语"越位、冲刺",医学术语"透视、换血",戏曲术语"变脸、下台"等等,都已突破其固有的单义性和专业性,形成"术语泛化",可自由地跨度使用,并逐渐在各个社会层面得到广泛的运用;那么,烹饪术语的泛化、进而跨度使用,从语言理论上衡量,是正常的;从社会语用上分析,也是可以接受的。

十六、托形缩略语

近年来,白领圈里的地位最高者,往往被圈内人戏称为"白骨精"。一提"白骨精",读者自然忆起"一从大地起风雷,便有精生白骨堆"的诗句,想到西天取经路上那个狡猾狠毒的女妖。不过当代流行语"白骨精",却是"白领""骨干""精英"三个词语的缩略形式。类似的新型缩略语还有"蛋白质""无知少女"等。所谓"蛋白质"就是"笨蛋、白痴、神经质"的合称;而"无知少女",却是"无党派、知识分子、少数民族、女性"四个词语的缩略结果。

这类缩略词语的形成路径,就是借用人们耳熟能详的名词——"白骨精""蛋白质""无知少女"等的旧词形,来表达一个与原词语本义风马牛不相及的新意义。这种以"旧瓶装新酒"的方式而形成的词语,可命名为"托形缩略语"。

托形缩略语在形式上是借形托义,但其结构与原词形并不相同。以"白骨精"为例,从结构层面分析,"白骨精"是偏正结构,而将"白领""骨干""精英"三词缩略成的"白骨精",却为并列结构。从形式层面观察,二者似乎相同,但其实质却为同形异构。从语义层面分析,原词语的词义已被掏空,所指已被暗中偷换,所余唯词形空壳而已。从表达层面探讨,说写者早已狡黠地设好了"语义陷阱",首先使听读者理所当然地按原词语(白骨精)的语义(狡猾狠毒的女妖)去理解,继而使他们领会借形托义被赋予的新义(白领、骨干、精英),最后在语义逆折突变中,听读者自然会恍然大悟,继而大笑三声!

——从而获得惊奇幽默的表达效果。

从语言学理论分析,上述托形缩略,属于词语的偶发修辞,由此而产生的临时词义,尽管新奇而生动,但毕竟属于偶一为之的言语现象。因而,托形缩略词语"白骨精"之类,还不能被确定为正式的词义,也不标志着原有词形产生了一个新义项,更没有资格登上现代汉语词典的殿堂。

十七、谐解词语

在当代校园流行语里,"留学生",指留过级的学生;"特困生",指一上课就特别犯困的学生;"铁托",指铁了心要考托福的人。武汉大学,简称"武大",因而该校的男生,自称或被别人戏称为"武大郎"。褒义词"精英""偶像""气质"等,却在校园流行的搞笑称谓中,利用谐音手段和诙谐情趣,被偷梁换柱,变成极端贬损的语义——"精英"指"神经的苍蝇","偶像"指"令人作呕的形象",而"气质"却指"孩子气加神经质"。贬义词"讨厌",却成了"讨人喜欢,百看不厌"。

在某些公司或办公楼里,职工们私下给本机关受一把手和二把手领导娇宠的两位年轻女性,分别起了俏皮的外号——"头疼"和"偏头疼"。所谓"头疼",就是受到头头儿(第一把手)疼爱的人;而"偏头疼",指得到偏头儿(第二把手)疼爱的人。此类词语,借用原有词语的词形,却对其固有的词义,做别出心裁的歪曲性诠释,以追求诙谐、调侃的表达效果,可将其命名为"谐解词语"。

英年早逝的天津作家桂雨清先生,生前在小说创作中就是一位善于创造、使用谐解词语的高手。在此仅举一例,小说《女劳教队长和"绿鹦鹉"》,有一段精彩对话,写劳教农场女队长向新分配的年轻

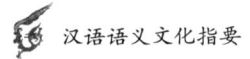

女警官小雅介绍劳教人员的情况——

"像一班的那个'两条人命'就有讲头。""人命案?能劳教?""她人丑身条美,又爱向招蜂惹蝶上打扮,后面看爱死人,前面瞅吓死人,这不是'两条人命'吗?"

小雅手按着肚子,脸憋得通红,不愿笑出声来。

女队长向小雅解释"两条人命"这个外号的含义,犹如相声"包袱",抖得火爆,读后令人忍俊不禁,细究其表达手段,亦为"谐解"也。本文引例,如对"留学生""精英""头疼""两条人命"等的谐解,皆属于偶一为之的言语现象,只是为追求谐趣的搞笑效果而已,并不意味着原有词语已产生了一个新义项。

十八、说"愿景"

前些年,关于台湾连战、宋楚瑜大陆行的新闻报道中,"愿景"这个词频频出现,例如《国际舆论热评"五点愿景"》《欧洲媒体:"五点愿景"很有创造力》《"五点愿景"为促进两岸和平发展开辟了一个全新的空间》等,引起读者极大关注。在汉语词汇中,我们熟悉是"年景""前景""远景""美景",但对"愿景"这个陌生的词,却似懂非懂。

"愿景"是英文 vision 的汉译,中国读者开始接触、认识这个词儿,始于 2003 年 7 月,中信出版社出版了由薛源、夏扬翻译的关于企业管理艺术的一本书,即美国学者加里·胡佛撰著的:《愿景——企业成功的真正原因》(Hoover's Vision: Original Thinking for Business Success)。按照管理学大师加里·胡佛的解释——愿景是人的一种意

第十二章　汉语语义外来要素例释

愿表达,它概括了企业的未来目标、使命及核心价值,是企业为之奋斗的心愿和远景。愿景是企业发展中的共同目标、不变的理念和核心价值观,甚至是企业的灵魂。愿景是企业家不断奋斗的内心原动力,当他们把"个人愿景"放大并推及为与员工共享的"共同愿景",企业就有了灵魂。胡佛在《愿景》中提炼出著名的胡佛"3E 定律"——探索(Explore)、本质(Essence)和执行力(Execution),并分探索篇、精髓篇、实践篇三大部分来阐述论证这"3E 定律"。全书论述的主题就是——建立共同愿景是一个企业走向成功的基石,

从语义学角度分析,"愿"是愿望,"景"是"前景",顾名思义"愿景"就是人们心目中憧憬的一幅关于未来的图画。其实,"愿景"一词来源于拉丁文 videre,就是"看",眼见为实的意思。如把"愿景"勾画得细致逼真而形象,就令人振奋,为未来发展提供了轮廓和方向,在共同目标的激励下,上下一心,信心倍增。

无论是个人、组织,还是人类社会;无论是政治、经济,还是科技、教育、文化,人类所有具有开创性的重大的进步,在其筚路蓝缕、始于足下的开创期,无不缘起于一个具体的"愿景"。对于投身事业的所有参与者来说,一个伟大、光明的"愿景",足以调动其热情,激发其潜能,从而不断开发创造力,不断创新观念和技能;激励和敦促他们用孜孜不倦、脚踏实地的努力,去促成美好"愿景"的最终实现。现在,"五点愿景"已清晰地展现在全体中华儿女面前,让我们满怀激情地为海峡两岸的和平发展,为中华民族之崛起而不懈地努力奋斗吧!

十九、名目繁多的疾病

近年来,在世界范围内出现了名目繁多的疾病,如"艾滋病""登革热""炭疽病""埃博拉病"等。如何把这些从国外突然冒出来的病译为中文词语,可谓煞费苦心。例如"艾滋病"是"获得性免疫缺陷综合征"的简称,系英语 AIDS 的音译。"登革热"是一种由登革病毒引起的急性传染病,由埃及伊蚊或白纹伊蚊传播,流行于东南亚、西太平洋和美洲加勒比海地区。前几年在一些西方国家,一些寄给政要的内装白色粉末匿名信件,曾引起政界人士极度惊恐,因粉末系由炭疽杆菌制成。这种病菌可传播"炭疽病",多见于马、牛、羊等牲畜,人也可被传染,常导致死亡。"埃博拉病"是流行于非洲扎伊尔一带,由"埃博拉病毒"传染的一种流行性出血热病,死亡率高达 90% 以上。其实"埃博拉"是扎伊尔的一条河流。

"非典"是随着"新世纪瘟疫"的突发,而迅速家喻户晓的词语。按照 "甲肝"(甲型肝炎)、"流脑"(流行性脑膜炎)、"风心"(风湿性心脏病)之类的缩略惯例,似乎应把"传染性非典型肺炎"简缩为"非肺"为妥。但在原型词语"传染性非典型肺炎"中,人们惧怕的并不是"肺炎"这个中心词,而是那个令人惊恐的限制语"非典型"。情急之中,人们只好突出最能凸现病症特征的两个字——"非典"来表述。由此类推,"抗击非典"也就简缩为"抗非"了。

有些病是以最早发现它的医师姓名来命名的,例如"帕金森病"是老年人常见病,主要症状是肢体震颤、动作迟缓。因英国医生帕金森首先描述,故名。再如"川崎病""克隆氏病""妥瑞症"等。这些病的症状复杂,引发病源不明显或不典型,也不宜用很长的音节来加以描绘概括,故用医生姓名命名。

有些病是以引发病源来命名的。例如"疯牛病"是牛海绵状脑病的俗称,是一种潜伏期很长的慢性传染病,多见于成年牛,症状为四肢僵硬、体重下降、惊恐等,也可传染给人。1986年在英国发现首例,病症波及大部分欧洲国家,一时人们谈牛色变。"口蹄疫"是由口蹄疫病毒引起的急性发热性传染病,传染源是病畜,偶蹄类动物容易感染。"禽流感"是在鸡鸭鹅等家禽中传播的一种急性传染病。

二十、海归·海待·土鳖

"海归"指海外学成归国人员,初称"海归族""海归派",后直呼"海归",因与"海龟"谐音而颇具诙谐色彩。二十多年前,"海归人士""海归夫妻""海归现象"等词语在报章上频频出现,当时"海归"在国内成为十分抢手的"香饽饽"。但如今"海归热"已成一道"逝去的风景","海归"变成了"海待"。所谓"海待",指海外留学归国人员在求职时遇到困难,而暂时"待业"。近年来,"海待"成了职业市场的新话题。据报载:留学归来找不到工作的一位"海归",戏称自己已成"海带(待)干"了。

追本溯源,"海归"不过是一种戏称、泛称,只表明某人在国外有过求学经历,而对于其是否具有真才实学,却不能一概而论。改革开放初期,很多留学生毕业后留在国外,选择回国的人数不多,一旦回国创业,物以稀为贵,就被远接高迎地吸纳,并获得优厚待遇。当初,人才市场刚启动,尚处于非理性的始创过程,上述情况亦属正常。但在今日,"克莱登大学"之类的一纸文凭,绝不会把用人一方搅得脑热眼花了。"海待"现象,是市场机制作用下的正常回归,也是市场运作自动调节的结果。拥有广博的专业知识和开阔的国际视角,是"海归"中高端人才独特的优势,但无论创业还是就业,都需要把知识转化为实践运用的能力,才能适应事业的需要。

近年,由"海归(龟)"又逆向派生出一个新词——"土鳖",指在我们国内培养出的人才。目前,进军中国的一些国外公司,正在加快人才本地化进程。他们面对缺少工作经验而要价颇高的"海归",宁愿选择有经验的"土鳖"。著名经济学家萧灼基教授表示:人才流动不能步入双重误区。以前曾有"海归上岸,土鳖滚蛋"的说法,这是不对的,也造成了现在"海归"期待值过高成为"海待"的状况出现。但现在一些企业盲目排斥"海归"也不对。

平心而论,"海归""土鳖"各有优势——"海归"的优势在于:接受了国外系统规范的教育和经营理念,视野开阔,但对本土情况不熟悉,容易照搬国外模式,导致"念歪经";而"土鳖"是本土人才,最了解本地情况,但存有知识结构更新不够快的缺陷。因此,如何用好这两类人才,使之相济互补,是一个有待研讨的社会课题。

二十一、话说"无厘头"

打开网页,诸如"原创无厘头""无厘头行动""无厘头经典""无厘头百科知识竞赛""无厘头后现代新人手册"等栏目会纷至沓来。究竟什么是"无厘头"呢?"无厘头"本属粤方言词语,应写"无来头",因粤方言"来"字与"厘"读音相近,故而写作"无厘头"。其初始义,就是批评某人言行无意义、无根据,粗俗随意,使人莫名其妙。而作为概念意义的"无厘头",却源自香港影星周星驰主演的喜剧影片《大话西游》,其中一些对白,为了搞笑,将一些无逻辑、无关联的词语组

第十二章 汉语语义外来要素例释

合在一起,鸡一嘴,鸭一嘴;东一榔头,西一棒槌,在莫名其妙的同时却令人捧腹。周星驰的表演以突破常规,破旧立新为尚,但在香港人看来,却是胡搞瞎闹,因称之"无厘头",明显带有贬义。

"无厘头"作为一种艺术表现手法的指称——故意将一些毫无关联的事物现象等莫名其妙地组合串联或歪曲,以达到搞笑或讽刺的目的——已成为网络文化的一种时尚,在年轻人中颇为盛行。他们在互联网上敢于冲破种种桎梏,张开想象翅膀,可以自由自在、漫无边际地抒情达意。在这里,言不由衷、言不及义、东拉西扯、南辕北辙、牛头不对马嘴、风马牛不相及等,都变得正常而时髦。无厘头成为智者的通行证,凭借它能以游戏形式出奇制胜,一笑泯恩仇,四两拨千斤;无厘头又是弱者的快活林,依赖它可使自身保持轻松惬意的心境,而与斤斤计较、患得患失、瞻前顾后、耿耿于怀、愤世嫉俗、痛心疾首等心理状态绝缘。

在关于"无厘头文化"的争论中,赞成者对其摒弃传统思维和语言表达定势表示首肯;反对者则揭露其玩世不恭的本质,警示年轻人应追求高尚趣味。论战双方各执一词,难以定论。"无厘头"作为一种时髦的思潮已在网络安家,且已形成一种文化现象,成为一种喜剧表达方式。作为社会语言学工作者,面对"无厘头"之类奇异而复杂的语言文化现象,厉声呵斥或漠然无视,摇头否定或空发慨叹,都隔靴搔痒,于事无补。正确态度是——保持敏感的学术洞察力,善于从历史文化大背景上,对它进行分析考察,做出客观描写和阐释,进而探究并总结其生成、发展、嬗变的动因与规律,通过因势利导使之在优胜劣汰的自我完善过程中,逐渐走向规范化。

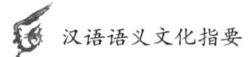

二十二、人生"五商"

在社会热点词语中,除了人们熟悉的"智商"外,又先后出现了"情商""逆商""财商""心商"等新概念。我们称之为——人生"五商"。

"智商"也称智力商数,指对某人智力发展水平的综合测试参数,计算公式为:"智商=智龄÷实龄×100。"对"智商"这个词,人们并不陌生了,指一个人的智力水平或聪明程度。

"情商"也称情感商数,心理学上指人的一种社会智能,包括控制自己和协调他人情感的能力,以及对这种能力进行鉴别并指导自己思想和行动的能力。西方研究人员认为,在个人的成功中,智商只起20%的作用,其他的80%靠的是社会环境、机遇和情商。一个人的情商水平表现在——能否与他人成功交往并进行有效的合作,人际关系的和谐程度,是否保持稳定的乐观情绪,是否具有团队精神,以及公关能力和亲和力的程度等。

"逆商"也称逆境商数,指一个人应付逆境的能力。有些人只能适应一帆风顺的人生机遇,一旦遭遇逆境即精神崩溃,一蹶不振。古今之成大事业者无不屡遭厄运,饱经磨难;但却在逆境中崛起,以百折不回的努力叩开成功大门。逆商典型地凸现了一个人在面对困难、坎坷、挫折、厄运、失败时,表现出刚毅不拔的承受力和忍耐力。这种能力,更能体现人生价值,昭示人格魅力。

"财商"指一个人的理财能力,包括财富智商和理财智商两个方面。在当今商品经济社会中,"财商"概念的提出,适应了时代潮流,符合社会心理需求。

"心商"又称心理商数,指一个人心理健康的程度,具体指维持心理健康,调适心理压力,保持良好心理状态的能力。说某人心商高,指其心理和社会适应能力健全,并长期保持稳定的最佳状态——包括和谐的人际关系、正确的自我评价和情绪体验,以及热爱生活、正视现实、人格完整、自强不息等特质。如何以健全的心智和成熟的心态面对人生顺逆与机遇,如何提高个体的心商水平,是21世纪人生成功的主题。

人生"五商"之间的关系如何呢?有的学者将五者关系喻为参天大树——心商是根,智商是干,情商是叶,逆商是枝,财商是果。这里强调的是:心商是基础,是母体,是成功之本。对于个体的人来说,一切成功都源于健康的心态。

二十三、"杀手"新生义

"杀手"属于新词语,《现代汉语词典》(2002年增补本)释义为"刺杀人的人:职业杀手"。其实这个意思,古今汉语用"刺客"来表述。《史记》有《刺客列传》,可见这个词的悠久历史。但近年来,"刺客"已为"杀手"取代。"杀手"一词,由港台影视作品传入,指受雇刺杀人的人,如"职业杀手"等。

在现实的社会语用中,"杀手"一词不仅使用频率高,而且出现了相当多的新生义。例如:

(一)用"杀手"比喻在竞技体育赛事中,技艺高超,能使对方惨败的运动员,如:"锋线杀手亨利""郝海东再现杀手风采""孙雯是中国女足最具威力的头号杀手"等。

(二)用"杀手"喻指对人类具有严重威胁的事物、疾病或有害行为,如:"毒品是危及人类生存的杀手""恶性链球菌杀手""白血病是

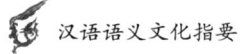

导致儿童死亡的杀手""过度疲劳是健康杀手"等。

(三)用"杀手"比喻对某种对象能起制服作用的人或事,例如指动植物的天敌,其词义相当于"克星",如:"头号水果杀手再度入侵我国。"这里的"水果杀手"指对水果有致命危害的地中海实蝇。

由于"杀手"具有巨大的杀伤力,因而在演艺界,将"杀手"引申为对某一类人(受众)具有特别诱惑力的人物(大牌歌星或影视明星)。这种新生义及其用法,源于香港娱乐圈,带有调侃搞笑的意味,如"少男杀手""少妇杀手"等。在此须注意——如某报娱乐版专题报道之标题为:《少奶杀手:濮存昕》,这是说:影视明星濮存昕对已婚年轻女性观众具有特别的魅力,而绝非指濮某人是专门刺杀少妇的职业刺客,也不要误解为:濮存昕受雇于人刺杀了某位少妇。

参考文献

1. 曹炜《现代汉语词义学》,上海:学林出版社,2001年。
2. 符淮青《词义的分析和描写》,北京:语文出版社,1996年。
3. 贾彦德《语义学导论》,北京:北京大学出版社,1987年。
4. 贾彦德《汉语语义学》,北京:北京大学出版社,1999年。
5. 林杏光《词汇语义和计算语言学》,北京:语文出版社,1999年。
6. 刘叔新《语义学和词汇学问题新探》,天津:天津人民出版社,1993年。
7. 刘叔新《汉语描写词汇学》,北京:商务印书馆,1990年。
8. 刘叔新《现代汉语理论教程》,北京:高等教育出版社,2002年。
9. 马清华《文化语义学》,南昌:江西人民出版社,2000年。
10. 石安石《语义论》,北京:商务印书馆,1993年。
11. 石安石《语义研究》,北京:语文出版社,1994年。
12. 苏新春《汉语词义学》,广州:广东教育出版社,1992年。
13. 苏新春《词义文化的钩沉探赜》,广州:广州出版社,1987年。
14. 谭汝为《词语修辞与文化》,天津:天津古籍出版社,1998年。
15. 谭汝为《民俗文化语汇通论》,天津:天津古籍出版社,2004年。

16. 谭汝为《汉语修辞学指要》,天津:天津人民出版社,2023年。

17. 王艾录、司富珍《语言理据研究》,北京:中国社会科学出版社,2002年。

18. 徐烈炯《语义学》,北京:语文出版社,1990年。

19. 詹人凤《现代汉语语义学》,北京:商务印书馆,1997年。

20. 张绍麒《汉语流俗词源研究》,北京:语文出版社,2000年。

21. 张永言《语文学论集》,北京:语文出版社,1992年。

22. 张志毅、张庆云《词和词典》,北京:中国广播电视出版社,1994年。

23. 张志毅、张庆云《词汇语义学》,北京:商务印书馆,2001年。